PRACTICE SHEET WORKBOOK
C'EST ÇA!

Scott, Foresman French Program   Book Three

Program Authors

Albert Valdman, Ph.D.
Marcel LaVergne, Ed.D.
Estella Gahala, Ph.D.
Constance K. Knop, Ph.D.
Marie-Christine Carreté, Agrégée

Elizabeth M. Rowe

Scott, Foresman and Company
Editorial Offices: Glenview, Illinois

Regional Offices: Sunnyvale, California
Atlanta, Georgia • Glenview, Illinois
Oakland, New Jersey • Dallas, Texas

ISBN: 0-673-35074-6

Cover: Owen Franken
Detail, gateway to the Cour d'honneur, Versailles. Phedon Salou/Shostal.

Copyright © 1990
Scott, Foresman and Company, Glenview, Illinois
All Rights Reserved.   Printed in the United States of America.

This publication is protected by Copyright and permission should be obtained from the publisher prior to any prohibited reproduction, storage in a retrieval system, or transmission in any form or by any means, electronic, mechanical, photocopying, recording, or otherwise. For information regarding permission, write to: Scott, Foresman and Company, 1900 East Lake Avenue, Glenview, Illinois 60025.

2345678910 VIK 99989796959493929190

CHAPITRE 1

Nom _____

Date _____ Devoir 1-1

A. Pour chaque mot ou expression à gauche, trouvez un synonyme à droite.

_____ 1. bachoter   a. se promener
_____ 2. des tas   b. être désolé
_____ 3. se balader   c. l'interro
_____ 4. passionner   d. étudier
_____ 5. avoir de la veine e. sans difficulté
_____ 6. le contrôle   f. le choix
_____ 7. haut la main   g. beaucoup
_____ 8. regretter   h. avoir de la chance
_____ 9. l'option   i. intéresser

B. Arrangez chaque groupe de lettres pour faire un "mot nouveau" du Chapitre 1. Puis, sur la ligne à gauche, mettez la lettre de la définition qui convient.

_____ 1. _____ (réeuingin)   a. celui qui s'occupe des sciences économiques

_____ 2. _____ (rélaccabtaua) b. un fou, une folle

_____ 3. _____ (equipnar)   c. celui qui s'occupe de la construction de ponts, de rues, etc.

_____ 4. _____ (labompect)   d. l'examen qu'on doit passer à la fin de la dernière année au lycée

_____ 5. _____ (guiden)   e. sentir l'horreur

3

CHAPITRE 1

Nom

Devoir 1-2   Date

A. Complétez chaque phrase avec le pronom qui convient.

1. Tu aimes le rock? Non, je ne _____ aime pas.
2. Va-t-il assister à la pièce? Non, il _____ a déjà vue.
3. Je voudrais des croissants. Vous _____ voulez combien, madame?
4. Jacques attend à l'aéroport et Nadine _____ va en voiture.
5. C'est pour moi, maman? Non, je _____ ai déjà donné ton cadeau.
6. Tu as déjà parlé à Marc? Non, mais je vais _____ parler demain.
7. Où sont mes lunettes? _____ voilà!
8. Pourquoi tu ne nous réponds pas? Je ne _____ ai pas entendus.

B. Refaites chaque phrase en remplaçant les mots en italique par les pronoms qui conviennent.

1. Marc a acheté le chemisier *pour maman*.
   _____

2. Marc a acheté *le chemisier* pour maman.
   _____

3. Papa a donné *ses vieilles chemises* à Pierre.
   _____

4. Papa a donné ses vieilles chemises *à Pierre*.
   _____

5. Mes parents vont téléphoner *à mes grands-parents* ce soir.
   _____

6. On ne va pas *au lycée* aujourd'hui.
   _____

7. J'aurai besoin *du tourne-disque* demain.
   _____

CHAPITRE 1

Nom _____

Date _____ Devoir 1-3

A. Complétez chaque phrase avec le passé composé du verbe entre parenthèses.

1. (aller) Nous _____ au concert de rock.
2. (descendre) Annie _____ au sous-sol.
3. (sortir) Julie _____ avec Paul samedi dernier.
4. (partir) Les élèves _____ vite _____.
5. (rentrer) Vous _____ très tard, mes enfants!
6. (arriver) Le prof _____ sans ses livres.
7. (naître) Mes parents _____ à la Martinique.
8. (mourir) Louis XIV _____ en 1715.
9. (entrer) Elles _____ par la porte de derrière.
10. (venir) D'où est-ce qu'il _____?

B. Refaites les phrases au passé composé.

1. La dame entre dans le restaurant avec un chien.
   _____

2. Dans le film, l'homme tombe de la Tour Eiffel.
   _____

3. Nos amis nous attendent devant le cinéma.
   _____

4. Elle sort des photos.
   _____

5. Vous montez dans la tour du château?
   _____

6. Suzanne reste quelque temps dans la cour.
   _____

5

CHAPITRE 1

Devoir 1-4

Nom

Date

A. Formez des phrases avec les éléments donnés. Suivez le modèle.

nous / se lever / 7h / hier / 7h30

D'habitude nous nous levons à sept heures, mais hier nous nous sommes levés à sept heures et demie.

1. Coralie / s'habiller / en pantalon / hier / en robe

2. nous / se balader / dans le parc / hier / au bord de la Seine

3. mon petit frère / se peigner / hier / ne . . . pas

4. maman / se réveiller / 6h / hier / 8h

5. ils / se coucher / tôt / hier / tard

B. Racontez ce que vous avez fait ce matin pour vous préparer pour l'école. Utilisez au moins six des verbes suivants, et indiquez quand vous avez fait chaque activité. Faites l'accord si nécessaire.

| se réveiller | se laver | se brosser les dents | se brosser les cheveux |
| se lever | se maquiller | s'habiller | se peigner |

CHAPITRE 1

Nom _____

Date _____ Devoir 1-5

A. Ecrivez les terminaisons *(endings)* de l'imparfait.

je _____   nous _____

tu _____   vous _____

il
elle _____   ils
on   elles _____

B. Complétez chaque phrase avec l'imparfait du verbe entre parenthèses.

1. (aller)   Tous les matins, nous _____ à l'école à pied.

2. (prendre)   Vous _____ l'autobus pour aller au lycée.

3. (se balader)   Le dimanche toute la famille _____ dans le parc.

4. (neiger)   De mon temps il _____ beaucoup en hiver.

5. (se promener) Si on _____ après le dîner?

6. (faire)   Elle _____ ses devoirs quand le téléphone a sonné.

7. (avoir)   Mon grand-père _____ des yeux bleus et des cheveux noirs.

8. (se sentir)   Je ne _____ pas bien; alors, je me suis couché tôt.

9. (être, manger) Quand j'_____ petit je ne _____ pas de carottes.

10. (commencer)   Si tu _____ tes devoirs avant huit heures du soir!

CHAPITRE 1

Nom _____

Devoir 1-6   **Date** _____

Complétez chaque phrase avec les formes des verbes qui conviennent: l'un au passé composé et l'autre à l'imparfait.

1. D'habitude elle _____ toute seule, mais ce soir-là elle
   (étudier)

   _____ avec des copines.
   (bachoter)

2. Papa _____ son imperméable parce qu'il _____.
   (mettre)   *(pleuvoir)*

3. Quand je (j') _____ ce matin les oiseaux _____.
   (sortir)   *(chanter)*

4. J'_____ la radio quand elles _____.
   (écouter)   *(rentrer)*

5. Hier nous _____ une promenade parce qu'il _____
   (faire)   *(faire)*

   si beau.

6. Je _____ la lettre parce que je _____
   (ne pas lire)   *(ne pas porter)*

   mes lunettes.

7. Où est-ce que tu _____ quand papa _____?
   (être)   *(téléphoner)*

8. Il _____ un bain quand le téléphone _____.
   (prendre)   *(sonner)*

9. Il _____ un goûter parce que tout le monde
   (préparer)

   _____ faim.
   (avoir)

10. En général on _____ la télé après le dîner, mais ce soir-là
    (regarder)

    nous _____.
    (sortir)

8

CHAPITRE 1

Nom

Date   Devoir 1-7

Complétez le paragraphe en choisissant la forme du verbe qui convient: l'imparfait ou le passé composé.

Quand j'_____ petit j'_____ peur de la
         (être)   (avoir)

nuit et je n'_____ pas être seul dans ma chambre. Un soir maman
            (aimer)

me (m') _____, "Si tu _____ à de bonnes
         (dire)   (penser)

et de jolies choses?" Puis, elle _____. Alors, je (j')
                                  (partir)

_____ aux chocolats et aux bonbons. Après quelques minutes je
 (penser)

_____. Cette nuit je (j') _____ d'un gros
(s'endormir)   (rêver)

monstre fait de chocolat. Il _____ de gros yeux rouges commes des
                              (avoir)

tomates qui me (m') _____. Ses dents _____
                    (regarder)   (ressembler)

à des bananes, et il _____ un sac au dos. Tout à coup, il
                      (porter)

_____ vers moi en ouvrant son sac pour me mettre dedans. Je (j')
(s'avancer)

_____ comme un dingue! Maman _____
  (crier)   (entrer)

dans ma chambre, en disant, "Ça va, mon petit?" Elle m'_____ et
                                                        (embrasser)

me (m') _____, "Si je _____ avec toi
         (dire)   (rester)

quelques minutes? Ça va . . . hein?" Je _____ mieux.
                                         (se sentir)

9

CHAPITRE 2

Nom _____

Devoir 2-1   Date _____

A. Complétez chaque phrase avec les mots qui conviennent.

    à la belle étoile   une auberge de jeunesse   un voyage organisé
    au syndicat d'initiative   une carte d'identité

1. —Pardon . . . Est-ce qu'il y a un magasin de souvenirs près d'ici?

   —Je ne sais pas. Mais vous pouvez vous renseigner

   _____.

2. Tous les hôtels sont complets, mais nous pouvons rester dans

   _____ ou dormir _____.

3. Cet été mes parents vont faire _____ en Grande-Bretagne.

4. Zut! J'ai oublié mon passeport. J'ai _____. J'espère que ça suffit.

B. Ecrivez un "mot nouveau" du Chapitre 2 pour chaque définition.

1. aller nager   _____
2. superbe, magnifique   _____
3. aller loin   _____
4. avoir de la difficulté   _____
5. né en Norvège   _____
6. se dépêcher   _____

C. En utilisant chaque lettre de la grille *(grid)* une fois, complétez les "mots nouveaux."

1. ___ I ___ TO ___ ES ___ ___ E
2. DI ___ C ___ T ___ ___
3. ___ AN ___ ___ AR ___
4. S ___ U ___ I ___ E
5. ___ 'É ___ ER ___ E ___
6. ___ E ___ END ___ E ___ OM ___ TE

D	O	R	R	V
S	R	M	U	R
P	Q	E	T	C
K	U	E	R	R
S	S	N	R	P

10

CHAPITRE 2

Nom

Date   Devoir 2-2

A. Indiquez ce qu'on fait dans chaque situation. Ecrivez *rire* ou *sourire*.

1. ce qu'il ne faut pas faire à l'église   _____

2. ce que maman fait en regardant l'enfant qui dort   _____

3. ce qu'on fait quand mon oncle nous raconte des blagues _____

4. ce que je fais quand je regarde des clowns   _____

5. ce que dit le photographe   _____

6. ce qu'on fait en voyant un ami dans la rue   _____

B. Complétez chaque phrase avec la forme qui convient de *rire* ou de *sourire*.

1. Quand Pierre a vu ce film il _____ comme un dingue.

2. Une bonne vendeuse _____ à ses clients.

3. Il n'est pas poli de _____ quand on fait une faute.

4. Papa _____ quand il a vu ses enfants qui l'attendaient.

5. Ne _____ pas quand je vous dis ce que j'ai fait.

6. Quand tu es content tu _____ beaucoup.

7. Mon petit frère _____ quand je suis tombé du vélo.

8. Notre prof est très sympa; elle nous _____ toujours quand elle nous parle.

9. Nous _____ toujours quand papa prend notre photo.

10. Ils _____ beaucoup quand ils étaient jeunes.

11

CHAPITRE 2

Nom

Devoir 2-3   Date

Pour chaque question, dites ce qu'on doit faire et ce qu'on ne doit pas faire. Remplacez l'expression en italique par un pronom. Suivez le modèle.

   Où est-ce que je peux promener *mon chien?*
   (dans le jardin / dans le musée)

   Promène-le dans le jardin. Ne le promène pas dans le musée.

1. Où est-ce que je peux mettre *mon vélo?*
   (dans le garage / dans ta chambre)

2. Qu'est-ce que nous pouvons acheter *pour la prof?*
   (des bonbons / de stylos)

3. Où est-ce que nous pouvons acheter *des souvenirs?*
   (au magasin / à l'aéroport)

4. Où est-ce que je peux porter *mon maillot de bain?*
   (à la plage / au cinéma)

5. Comment est-ce que je peux aller *à l'aéroport?*
   (en voiture / en moto)

6. Qu'est-ce que je peux *te* donner?
   (un coup de main / ton avis)

7. Où est-ce que nous pouvons mettre *les chevaux?*
   (dans le champ / dans la salle de bains)

8. Qu'est-ce que nous pouvons envoyer *à nos cousins au Danemark?*
   (des jeans / de pulls)

9. Où est-ce que je peux lire *ce roman?*
   (dans ta chambre / dans la baignoire)

10. Où est-ce que je peux mettre *l'argent?*
    (à la banque / dans le tiroir)

CHAPITRE 2

Nom _____

Date _____ Devoir 2-4

A. Répondez aux questions en employant *plaire* et *déplaire*. Faites attention au temps du verbe. Suivez le modèle.

    Comment est-ce que tu as trouvé la Grande-Bretagne?

    (les villes) *Les villes m'ont beaucoup plu.*

    (le climat) *Le climat m'a déplu.*

1. Est-ce que tu aimes la cuisine danoise?

   (les pâtisseries) _____

   (le poisson) _____

2. Qu'est-ce que tu penses de l'Irlande?

   (les vieux châteaux) _____

   (le climat) _____

3. Et comment est-ce que tu as trouvé la Suède?

   (les gens) _____

   (les prix) _____

4. Et alors, tu es content de te retrouver chez toi?

   (mon propre lit) _____

   (le retour au travail) _____

B. Ecrivez des phrases en substituant les éléments indiqués. Faites les changements nécessaires.

    Exemple: Vous vous plaisez?

        Tu _____ *te plais?* _____

        Il _____ *se plaît* _____ ici.

Nous nous plaisions en Grande-Bretagne.

1. Il _____.
2. Vous _____ en Norvège.
3. _____ vous êtes plus _____.
4. Elle _____ aux Pays-Bas.
5. _____ se plaira _____.
6. Je _____.

13

CHAPITRE 2

Devoir 2-5

Nom _____

Date _____

A. Lisez chaque description, puis choisissez une réponse à droite.

_____ 1. Ils se connaissent depuis longtemps.

_____ 2. Nous nous téléphonons tous les jours et nous nous écrivons toutes les semaines.

_____ 3. Elles se renseignent toujours bien; elles ne se trompent jamais.

_____ 4. Ils se perdent souvent quand ils s'éloignent de leur pays.

_____ 5. Je m'occupe des sciences économiques.

_____ 6. Quand ils se trompent d'arrêt, les gens s'énervent.

_____ 7. Les touristes s'adressent ici pour se renseigner.

a. le comptable

b. les touristes

c. les vieux amis

d. le syndicat d'initiative

e. les petits amis

f. les conducteurs d'autobus

g. les grosses têtes

B. Ecrivez des phrases à l'imparfait, au passé composé et au présent. Suivez le modèle.

ne jamais se disputer / se dire au revoir / ne plus se parler

Autrefois, ils *ne se disputaient jamais.*
Hier, ils *se sont dit au revoir.*
Maintenant, ils *ne se parlent plus.*

1. se détester / se parler / s'aimer

   Autrefois, nous _____.

   Hier, nous _____.

   Maintenant, nous _____.

2. se téléphoner tous les soirs / se disputer / ne rien se dire

   Autrefois, ils _____.

   L'année dernière, ils _____.

   Maintenant, _____.

3. ne rien se dire / se dire merci / se téléphoner souvent

   Autrefois, elles _____.

   La semaine dernière, elles _____.

   Maintenant, _____.

Nom _____

Date _____ Devoir 2-6

CHAPITRE 2

A. Dites aux gens de faire le contraire de ce qu'ils font.

>Je me brosse les dents.   *Ne te brosse pas les dents!*
>Je ne me brosse pas les dents.   *Brosse-toi les dents!*

1. Je me baigne dans l'eau froide. _____
2. Nous nous perdons dans la forêt. _____
3. Je ne me lève pas à sept heures. _____
4. Nous nous moquons du prof. _____
5. Nous ne nous habillons pas vite. _____
6. Je m'éloigne du groupe. _____
7. Je ne me presse pas. _____
8. Nous ne nous débrouillons pas bien. _____

B. Imaginez que vous êtes professeur. Donnez des ordres aux élèves.

1. Dites à Nicole de se préparer pour l'interro.
   _____

2. Dites à Paul de ne pas s'énerver à cause de l'examen.
   _____

3. Dites aux élèves de ne pas se presser vers la porte.
   _____

4. Demandez aux élèves *(nous)* de se retrouver ici demain.
   _____

5. Dites aux garçons de s'adresser au directeur.
   _____

6. Dites à Ghyslaine de s'occuper de ses propres affaires.
   _____

7. Dites aux étudiants de se souvenir de l'examen demain.
   _____

8. Demandez aux amis *(nous)* de ne plus se disputer.
   _____

CHAPITRE 3

Nom _____

Devoir 3-1 Date _____

A. Complétez les phrases d'après les images.

1. Nous voudrions échapper à _____ de la grande ville.

2. Arrêtez-vous ici, s'il vous plaît. Voici _____.

3. Tu conduis comme un dingue! Il faut respecter _____.

4. Cette ville se modernise. Il y a maintenant _____ dans tous les quartiers.

5. Quel _____! J'espère que nous ne serons pas en retard.

B. Ecrivez un "mot nouveau" du Chapitre 3 pour chaque définition.

1. une personne qui circule à pied   _____

2. le marchand   _____

3. stationner   _____

4. aller plus vite   _____

5. obéir   _____

6. une personne qui conduit un taxi   _____

16

CHAPITRE 3

Nom _____

Date _____ Devoir 3-2

A. Ecrivez la racine *(stem)* du conditionnel de chaque verbe.

vouloir _____ –

pouvoir _____ –

devoir _____ –

Ecrivez les terminaisons *(endings)* du conditionnel.

je _____   nous _____

tu _____   vous _____

il
elle _____   ils
on   elles _____

B. Complétez chaque phrase avec le conditionnel du verbe indiqué.

vouloir

1. Je _____ sortir avec Jacques ce soir.
2. Nous _____ visiter le château.
3. Elle _____ un verre d'eau.
4. Ils _____ une moto.

pouvoir

5. On _____ faire un pique-nique aujourd'hui.
6. Tu ne _____ pas t'arrêter un moment?
7. Si vous n'avez pas d'autre chose à faire, vous _____ venir avec nous.
8. Les deux amis _____ conduire en ville.

devoir

9. Vous ne _____ pas porter de jean au concert.
10. Papa _____ réparer l'escalier.
11. Les enfants ne _____ pas traverser le boulevard.
12. Nous _____ nous dépêcher.

17

CHAPITRE 3

Nom _____

Devoir 3-3   Date _____

A. Complétez chaque réponse avec le pronom démonstratif qui convient: *celui, celle, ceux, celles*.

1. Quel avion est-ce que tu prends demain? _____ qui part le plus tôt.

2. Ce sont les gratte-ciel de New York sur la photo? Non, ce sont _____ de Montréal.

3. Quelle autoroute est-ce que nous devons prendre? _____ de gauche.

4. Ce sont tes livres? Non, ce sont _____ de Christophe.

5. Qui est la petite amie de Martin? _____ aux cheveux blonds.

6. C'est ta chemise? Non, c'est _____ de Claude.

7. Quel quartier est-ce qu'elle préfère? _____ qui a le plus d'espace vert.

8. Quelles fleurs ont réussi le mieux? _____ que j'ai mises devant la fenêtre.

B. Complétez chaque phrase avec le pronom démonstratif qui convient. Suivez les modèles.

Ce carrefour-là est plus dangereux que _____*celui-ci*_____.

Ce carrefour-ci est plus dangereux que _____*celui-là*_____.

1. Ces bâtiments-ci sont plus grands que _____.

2. Cette autoroute-là est plus utilisée que _____.

3. Ce chauffeur-là conduit plus vite que _____.

4. Cette cabine-ci est plus près que _____.

5. Ces piétons-là marchent plus lentement que _____.

6. Ces contraventions-là sont plus graves que _____.

7. Cet exercice-ci est plus facile que _____.

Nom _____

Date _____ Devoir 3-4

CHAPITRE 3

A. Complétez les phrases avec les pronoms démonstratifs suivis de *-ci* et *-là*. Faites attention aux noms déjà mentionnés.

Shakespeare et Molière sont deux grands écrivains. __*Celui-ci*__ est français et __*celui-là*__ est anglais.

1. Robert a commandé un croissant et un café crème. _____ est à manger et _____ est à boire.

2. Mes deux villes préférées sont New York et Paris. _____ est en France et _____ est en Amérique.

3. Marie-Claire déteste la circulation et la pollution. _____ est trop bruyante et _____ est sale.

4. Elle était obligée de traverser un fleuve et une mer. _____ c'était l'Atlantique et _____ c'était la Seine.

5. Nous avons une maison aux Alpes et une autre à Nice. On va à _____ pour faire du ski et à _____ pour aller à la plage.

B. Complétez chaque phrase avec *ceci* ou *cela* (*ça*).

1. Préférez-vous le café ou le thé, madame? _____ m'est égal.

2. Tiens! Va donner _____ à Claude, s'il te plaît.

3. Regarde ce tableau! Il est affreux! Qui a fait _____?

4. Tu vas prendre ta moto à Paris? _____ peut être dangereux.

5. Regarde là-bas! Qu'est-ce que c'est que _____?

6. Monique, viens ici! Lis-moi _____, s'il te plaît. Je n'arrive pas à le lire sans mes lunettes.

19

CHAPITRE 3

Devoir 3-5

Nom _____

Date _____

A. Posez des questions en utilisant les pronoms interrogatifs *(lequel,* etc.) pour faire référence aux expressions en italique.

    Prenez *ces valises,* s'il vous plaît.   *Lesquelles?*

    L'agent de police a donné une contravention *au chauffeur.*   *Auquel?*

1. *La porte* ne ferme pas bien. _____
2. Elle a perdu *les billets.* _____
3. Tu as vu *ce film?* _____
4. Il a parlé *des amis.* _____
5. Nous avons parlé *au prof.* _____
6. Nous sommes sortis *avec les filles.* _____
7. J'ai téléphoné *à mes amis.* _____
8. Ils ont vu deux *films étrangers.* _____
9. Le couteau est *dans le tiroir.* _____
10. Ils ont écrit *à leur tante.* _____
11. J'aime *le musée.* _____
12. Attendez *les filles.* _____

B. Complétez chaque phrase avec le pronom interrogatif qui convient. Ajoutez une préposition si nécessaire.

1. Tu as lu ces deux romans, n'est-ce pas? _____ est-ce que tu préfères?
2. Il y a deux autoroutes. _____ devons-nous prendre?
3. _____ de tes cours te plaît le mieux?
4. J'ai beaucoup de bonbons. Tu peux en avoir trois. _____ est-ce que tu choisis?
5. Il y a trois tiroirs. _____ est-ce que je dois mettre ce crayon?
6. _____ de ces voitures sont américaines?
7. Il y a deux solutions possibles. _____ est-ce que tu as trouvée?

20

CHAPITRE 3

Nom _____

Date _____ Devoir 3-6

A. Ecrivez les terminaisons du subjonctif.

je _____   nous _____

tu _____   vous _____

il
elle _____   ils
on   elles _____

B. Complétez chaque phrase avec la forme du subjonctif qui convient pour chaque verbe indiqué.

1. Il voudrait que vous _____ ici.
   (ralentir)

2. Maman demande que je _____ à l'heure.
   (partir)

3. Le maire ne souhaite pas qu'on _____ ce vieux bâtiment.
   (démolir)

4. Le prof préfère que les élèves _____ les mains pour répondre.
   (lever)

5. Je voudrais que vous m'_____ avec ce projet.
   (aider)

6. Notre voisin désire que nous _____ devant sa maison.
   (ne pas se garer)

7. Tante Virginie aime mieux que papa _____ au lieu de moi.
   (conduire)

8. Tes parents ne veulent pas que tu _____ avec Guy.
   (sortir)

9. Je souhaite qu'elle _____ à ma lettre.
   (répondre)

21

CHAPITRE 3

Nom

Devoir 3-7

Date

A. Refaites chaque phrase en ajoutant un nouveau sujet pour le deuxième verbe. Suivez le modèle.

> Il préfère porter les valises. (nous)
> *Il préfère que nous portions les valises.*

1. Elle souhaite lire ce roman. (nous)

2. Ils préfèrent finir avant midi. (je)

3. Maman veut mettre le couvert. (papa)

4. Pierre préfère ne pas perdre sa place au parking. (tu)

5. Je voudrais ralentir un peu. (elle)

6. Il souhaite rester ici. (vous)

B. Echangez les sujets dans chaque phrase. Faites tous les changements nécessaires.

> Maman demande que nous partions à l'heure.
> *Nous demandons que maman parte à l'heure.*

1. La prof exige que nous lisions les poèmes.

2. Nos parents ne désirent pas que nous écoutions cette musique.

3. Papa veut que je sorte le chien.

4. Vous préférez que je finisse ce travail.

Nom

Date

CHAPITRE 4

Devoir 4-1

A. Ecrivez le mot indiqué par la description.

1. celui qui peint la maison _____

2. ce qu'on monte pour réparer le toit _____

3. d'où sort l'eau dans une maison _____

4. ce qu'on utilise pour arroser le jardin _____

5. celui qui répare les tuyaux _____

6. celle qui répare les fils _____

7. ce qu'on utilise pour tondre le gazon _____

8. ce qu'on utilise pour couper du bois _____

B. Complétez les phrases avec les mots qui conviennent.

| enlever | bricoler | bouché | te plaindre |
| réparé | compte | pinceau | peint |

1. Il faut appeler le plombier; l'évier est _____.

2. Pour peindre le mur on a besoin de peinture, d'une échelle et d'un

   _____.

3. Monsieur Leclerc a _____ le toit, il a _____ le

   mur et il a donné un coup de main à Madame Leclerc dans le jardin. Il aime

   _____, lui.

4. Il est inutile de _____, Daniel. Tu dois tondre le gazon avant

   quatre heures.

5. Nicole, tu pourrais _____ les mauvaises herbes ce soir? Bon alors,

   je _____ sur toi.

23

CHAPITRE 4

Devoir 4-2

Nom _____

Date _____

Complétez chaque phrase avec la forme correcte du verbe qui convient *(peindre, éteindre* ou *se plaindre).*

AU PRÉSENT

1. Papa _____ de l'état de ma chambre.

2. Est-ce que vous _____ la maison en gris?

3. Mes parents _____ toujours de ne pas pouvoir compter sur nous.

4. Paul _____ la télé avant de se coucher.

À L'IMPARFAIT

5. Je (J') _____ ma chambre quand le téléphone a sonné.

6. Autrefois, nous _____ des embouteillages, mais maintenant nous prenons le train.

7. Nos anciens voisins ne (n') _____ jamais la radio avant deux heures du matin.

AU FUTUR

8. Si tu ne répares pas ce tuyau aujourd'hui, maman _____.

9. Je (J') _____ le feu sous la poêle avant de partir.

10. Mon frère et moi, nous _____ ma chambre ensemble.

AU SUBJONCTIF

11. Charles veut que papa _____ sa chambre en jaune vif.

12. Je préfère que vous _____ les lumières avant de vous coucher.

13. Mes parents souhaitent que je _____ moins.

14. Je voudrais que tu _____ la lampe.

CHAPITRE 4

Nom

Date	Devoir 4-3

A. Ecrivez deux phrases avec les éléments donnés. Suivez le modèle.

   peindre la chambre / je, elle

   Je peins la chambre. Elle fait peindre la chambre.

1. construire une maison / Jacques, ma famille

2. tapisser la salle à manger / maman, Mme Lambert

3. tondre le gazon / M. Duvalier, papa

4. peindre la maison / elles, tu

5. arroser le jardin / je, Mlle Lafont

B. Refaites chaque phrase en employant le sujet entre parenthèses et le verbe *faire* comme causatif. Faites attention au temps du verbe. Suivez le modèle.

   Les œufs cuisaient. (papa)   *Papa faisait cuire les œufs.*

1. Le gâteau gèle. (maman)

2. L'omelette cuisait. (mes frères)

3. La cloche a sonné. (le proviseur)

4. Les tomates gèleront. (je)

5. Le dîner cuit au four. (nous)

25

CHAPITRE 4

Devoir 4-4

Nom

Date

A. Répondez à chaque question en remplaçant l'objet par le pronom qui convient. Suivez le modèle.

Elle répare la tondeuse?   *Non, elle la fait réparer.*

1. Madame Lenoir nettoie la maison? _____
2. Tu as planté les arbres? _____
3. Vous peignez votre cuisine? _____
4. Ils enlèvent les mauvaises herbes? _____

B. Refaites chaque phrase en remplaçant l'objet indirect par le pronom qui convient.

Le prof a fait nettoyer la salle de classe par les élèves.
Le prof leur a fait nettoyer la salle de classe.

1. Serge a fait tondre le gazon par sa sœur.

   _____

2. Maman et papa font arroser le jardin par les enfants.

   _____

3. Papa fera construire une étagère par le charpentier.

   _____

4. Mon frère a fait préparer son petit déjeuner par Jacques et Jeanne.

   _____

C. Complétez les phrases en utilisant l'impératif des verbes entre parenthèses et en remplaçant les expressions en italique par les pronoms qui conviennent. Suivez le modèle.

Je ne veux pas nettoyer *ma chambre*. (faire)   Alors, *fais-la nettoyer!*

1. J'en ai marre de sortir *le chien*. (laisser)

   Alors, _____!

2. Nous ne voulons pas laver *les fenêtres*. (faire)

   Alors, _____!

3. Je ne veux pas tenir ces *bouquins*. (laisser tomber)

   Alors, _____!

4. Je ne veux pas peindre *cette chambre*. (faire)

   Alors, _____!

Nom _____

Date _____ Devoir 4-5

A. Refaites les phrases au futur simple.

1. Elle se lave. _____

2. Maman boit de l'eau. _____

3. Je monte l'échelle. _____

4. Les journalistes entrent. _____

5. Vous sortez plus tard? _____

6. Les invités prennent des hors-d'œuvre. _____

7. Les enfants s'endorment. _____

8. Tu goûtes au gâteau? _____

B. Répondez à chaque question en mettant le verbe au futur simple et en remplaçant les noms par les pronoms qui conviennent. Suivez le modèle.

   Qui va tapisser le foyer? (je)   *Je le tapisserai demain.*

1. Qui va réparer le robinet? (papa)
   _____

2. Qui va ranger ces outils? (nous)
   _____

3. Qui va sortir le chien? (tu)
   _____

4. Qui va peindre la salle de bains? (Philippe et Yvette)
   _____

5. Qui va couper les fleurs? (Serge)
   _____

CHAPITRE 4

Nom _____

Devoir 4-6   Date _____

A. Complétez chaque phrase avec le futur simple du verbe entre parenthèses.

1. (aller)   S'il fait beau demain, nous _____ à la plage.
2. (devoir)   Nous _____ travailler vite.
3. (faire)   Je _____ mes devoirs après le dîner.
4. (être)   J'espère que tu _____ à l'heure.
5. (pleuvoir) Tu crois qu'il _____ demain?
6. (avoir)   Tu _____ du mal à faire ça si tu ne lis pas les instructions.
7. (voir)   Tenez! Si vous regardez à gauche, vous _____ le Louvre!
8. (pouvoir)   Est-ce que Louis _____ nous accompagner?

B. Répondez aux questions en employant le futur et en remplaçant les noms par les pronoms qui conviennent. Suivez le modèle.

    Personne n'a appelé les enfants? (je)   *Je les appellerai plus tard.*

1. Personne n'a promené le chien? (papa)
   _____

2. Personne n'a enlevé ces outils? (Claude et Marc)
   _____

3. Personne n'a envoyé ces lettres? (nous)
   _____

4. Personne n'a acheté de boissons? (je)
   _____

5. Personne n'a répété les mots? (les élèves)
   _____

6. Personne n'a essayé cette recette? (tu)
   _____

7. Personne n'a appelé Claude? (vous)
   _____

CHAPITRE 4

Nom

Date Devoir 4-7

A. Complétez chaque phrase avec le futur simple du verbe entre parenthèses.

1. (se promener) S'il fait beau demain, nous _____ dans le parc.

2. (tourner, trouver) Vous _____ à droite au prochain coin et là vous _____ une cabine téléphonique.

3. (être) Si tu ne pars pas maintenant, tu _____ en retard.

4. (arriver) Mon oncle Nicolas et ma tante Marie _____ demain.

5. (faire) Quel temps _____-t-il demain?

6. (pleuvoir) On dit qu'il _____ demain.

7. (savoir) Nous ne _____ jamais ce qui s'est passé.

8. (falloir) Si tu vas en France, il _____ avoir un passeport.

9. (tomber) Si tu bouges, tu _____.

B. Vous êtes plombier. Mais vous vous êtes cassé le bras. Alors, vous dites à un client ce qu'il faut faire. Utilisez le futur simple des verbes entre parenthèses.

D'abord vous _____ l'eau dans la maison. Ensuite, vous
            (fermer)

_____ cette boîte à outils et vous _____ de cet
  (prendre)   (se servir)

outil-ci. Vous _____ le grand tuyau sous l'évier, puis vous le
               (enlever)

_____. Vous _____ le tuyau sous l'évier de nouveau.
  (réparer)   (mettre)

Et vous me _____ cent francs. Ce n'est pas compliqué!
             (payer)

29

CHAPITRE 5

Devoir 5-1

Nom _____

Date _____

A. Ecrivez le mot indiqué par la description.

1. la mère de mon grand-père _____

2. celui qui habite la Bretagne _____

3. celui qui se bat en guerre _____

4. la première langue qu'on parle en famille _____

5. celui qui habite en Normandie _____

B. Pour chaque mot ou expression à gauche, trouvez un synonyme à droite.

_____ 1. drôlement   **a.** garder

_____ 2. être attaché à **b.** finalement

_____ 3. conserver   **c.** partir

_____ 4. enfin   **d.** amusant

_____ 5. émigrer   **e.** aimer

C. Pour chaque mot ou expression à gauche, trouvez un antonyme à droite.

_____ 1. la victoire   **a.** l'ennemi

_____ 2. merveilleux   **b.** la défaite

_____ 3. s'entendre bien **c.** tenir à

_____ 4. l'ami   **d.** se battre

_____ 5. se moquer de   **e.** affreux

CHAPITRE 5

Nom

Date Devoir 5-2

A. Ecrivez des phrases avec les éléments donnés. Suivez le modèle.

   un bon prof / travailleur   *C'est un bon prof parce qu'il est travailleur.*

1. une bonne prof / patiente   _____
2. des garçons bien aimés / sympa   _____
3. un bon joueur / sportif   _____
4. une bonne amie / fidèle   _____
5. des bons ouvriers / forts   _____

B. Posez des questions et répondez-y. Suivez le modèle.

   se promener la nuit (dangereux)

   Se promener la nuit, c'est dangereux?

   Oui, il est dangereux de se promener la nuit.

1. réparer un vélo (difficile)

   _____

   Oui, _____.

2. peindre une maison (amusant)

   _____

   Non, _____.

3. se renseigner sur son héritage (intéressant)

   _____

   Oui, _____.

4. parler une langue étrangère (utile)

   _____

   Oui, _____.

5. conduire un grand camion (compliqué)

   _____

   Non, _____.

CHAPITRE 5

Devoir 5-3

Nom _____

Date _____

A. Complétez chaque phrase avec le pronom qui convient: *qui* ou *que*.

1. Mon arrière-grand-mère, _____ est écossaise, vient nous faire une visite.

2. La rue _____ tu cherches est à deux cents mètres d'ici.

3. Je suis bilingue, mais c'est l'espagnol _____ est ma langue maternelle.

4. Le film _____ nous avons vu hier m'a beaucoup plu.

5. C'est ton chat _____ j'ai chassé de mon jardin?

6. Celui _____ entre le dernier doit fermer la porte.

7. Où sont les gâteaux _____ j'ai laissés sur la table?

B. Combinez les phrases en employant *qui* ou *que*.

> Elle vient de Bretagne. La Bretagne est une province de la France.
>
> *Elle vient de Bretagne, qui est une province de la France.*

1. Voici le papier peint! Maman a choisi ce papier pour la cuisine.

   _____

2. J'ai parlé au garçon. Nous l'avons vu à l'arrêt d'autobus.

   _____

3. Papa a suivi la rue. Elle mène à la plage.

   _____

4. J'ai téléphoné au charpentier. Il nous a construit un garage.

   _____

5. Claire a apporté les photos. Elle les a prises au Québec.

   _____

6. J'ai raté l'examen. Tu l'as réussi.

   _____

CHAPITRE 5

Nom

Date Devoir 5-4

Combinez les phrases en employant *dont*.

1. Je vous présente mon amie Marie-Claire. Je vous ai souvent parlé d'elle.

2. Nous venons de voir un film d'horreur. Mon petit frère avait peur du film.

3. Les assiettes viennent de mon arrière-grand-mère. Nous nous en servons les jours de fête.

4. Voici les pinces. Vous avez besoin des pinces.

5. La femme habite à côté. Sa voiture est devant notre maison.

6. Les problèmes sont sérieux. Le maire s'en occupe.

7. Ça, c'est Marc Hulot. Son père est notre dentiste.

8. Notre tante Madeleine nous a acheté la radio. Nous en avions envie.

9. La prof est très patiente avec les élèves. Elle s'en occupe.

10. Il a dit au revoir au marin. Son bateau part demain matin.

CHAPITRE 5

Devoir 5-5

Nom
Date

A. Complétez chaque phrase avec *dont* ou *où*.

1. Je vais visiter la Normandie, _____ mon arrière-grand-mère est née.

2. On a crié "surprise!" au moment _____ elle est entrée.

3. Un artiste, _____ tu connais le nom, est venu à notre école.

4. Les colons ont émigré à un pays _____ ils pouvaient vivre en paix.

5. Nicole a des cousins en Louisiane _____ beaucoup de gens sont francophones.

6. La femme, _____ tu as fait la connaissance hier, habite à côté de nous.

7. La boutique _____ elle a acheté son vélo est fermée aujourd'hui.

B. Combinez les phrases en employant *dont* ou *où*.

1. Je n'oublierai jamais le jour. J'ai appris à faire du ski ce jour.
   _____

2. A côté de nous habite un pâtissier. Ses gâteaux sont merveilleux.
   _____

3. Nous avons téléphoné au bureau. Maman y travaille.
   _____

4. C'est un portrait de mes arrière-grands-parents. Je me souviens bien d'eux.
   _____

5. La boîte à outils est au sous-sol. Maman a besoin de la boîte à outils.
   _____

CHAPITRE 5

Nom

Date   Devoir 5-6

A. Complétez chaque phrase avec *ce qui, ce que (qu')* ou *ce dont*.

1. Je ne comprends pas _____ vous dites.

2. _____ est important, c'est la paix.

3. Ma famille, c'est _____ me plaît.

4. Vous savez _____ ils ont besoin?

5. Ecoutez bien _____ je vous dis!

6. J'ai vu _____ tu as fait.

7. C'est _____ est important.

8. Il nous a envoyé _____ nous avions envie.

B. Complétez chaque phrase avec *qui, que (qu'), dont, où, ce qui, ce que (qu')* ou *ce dont*.

1. Je cherche le stylo _____ je me suis servi ce matin.

2. Elle porte la robe _____ je lui ai donnée!

3. Il ne trouve pas _____ il a laissé tomber.

4. Elle écrit au soldat _____ est parti il y a deux semaines.

5. Je me rappelle le jour _____ j'ai fait ta connaissance.

6. C'est le garçon _____ le père est artiste.

7. _____ me déplaît, c'est le désordre dans ta chambre.

8. Je sais _____ vous avez besoin.

CHAPITRE 5

Nom _____

Devoir 5-7   Date _____

A. Ecrivez l'infinitif du verbe dans chaque phrase.

1. Alexandre Dumas écrivit *Les Trois Mousquetaires*. _____

2. Nous dûmes nous arrêter tout de suite. _____

3. Je sus que c'était trop tard. _____

4. Elles finirent avant les autres. _____

5. Il n'entendit pas. _____

6. Le prof parla sérieusement. _____

7. Il fallut quitter le restaurant. _____

8. Elle naquit en 1976. _____

9. Louis XIV vécut au dix-septième siècle. _____

B. Ecrivez la forme du passé composé de chaque verbe de l'Exercice A.

1. Alexandre Dumas _____

2. nous _____

3. je (j') _____

4. elles _____

5. il _____

6. le prof _____

7. il _____

8. elle _____

9. Louis XIV _____

CHAPITRE 6

Nom
Date   Devoir 6-1

A. Pour chaque groupe de mots, soulignez le mot qui ne va pas avec les autres.

1. acclamer   approuver   encourager   résumer

2. le spectacle   le talent   la comédie   la pièce

3. la troupe   la scène   le comédien   l'actrice

4. le héros   le personnage   l'héroïne   le dramaturge

5. le dramaturge   le personnage   l'auteur   l'écrivain

B. Ecrivez le mot indiqué par la description.

1. celui qui écrit la musique   _____

2. ce que font les acteurs à la fin d'une pièce   _____

3. ce qu'on fait à la porte avant d'entrer   _____

4. ceux qui assistent à un spectacle   _____

5. de temps en temps   _____

6. ce qu'on fait si on approuve un spectacle _____

7. actuellement   _____

CHAPITRE 6

Devoir 6-2

Nom

Date

A. Refaites les phrases en remplaçant les expressions en italique par des pronoms.

Il lui a montré *la photo*.   *Il la lui a montrée.*

1. Paul en a envoyé *à sa cousine*. _____
2. Nous vous écrirons *des nouvelles*. _____
3. Elle nous a rencontrés *au théâtre*. _____
4. Il ne l'a pas achetée *pour sa sœur*. _____
5. Tu peux me prêter *de l'argent*? _____
6. Je vais vous montrer *mon nouveau vélo*. _____
7. On la fait réparer *pour le prof*. _____
8. Elle t'a donné *le programme*? _____

B. Refaites les phrases en remplaçant les expressions en italique par des pronoms.

Il a laissé *les billets à la caisse*.   *Il les y a laissés.*

1. Je mets *les outils sur la table*. _____
2. Elle n'a pas acheté *de billets pour les autres*. _____
3. Jean a envoyé *les fleurs à Elisabeth*. _____
4. Ils vont nous chanter *notre chanson*. _____
5. Il t'a donné *des cassettes*? _____
6. Tu peux m'emprunter *de l'argent*. _____
7. Christophe a trouvé *les clefs derrière le restaurant*. _____
8. Danièle va vous écrire *la recette*. _____

CHAPITRE 6

Nom

Date

Devoir 6-3

A. Complétez les phrases avec les pronoms d'objet qui conviennent.

1. Je n'ai pas assez d'argent. Tu peux _____ _____ prêter un peu?

2. Nicole adore cette robe. Tu crois que papa _____ _____ achètera?

3. Nos amis ont déjà payé nos billets. Ils vont _____ _____ envoyer.

4. Ce soir Jacqueline va au Café des Artistes avec Paul. Elle va _____ _____ voir à 8h.

5. J'ai cherché des fruits dans le frigo, mais il ne (n') _____ _____ a pas.

B. Répondez aux questions en remplaçant tous les objets par des pronoms.

1. L'agent a donné une contravention à la dame?

   Oui, _____.

2. L'actrice étudie ses répliques dans les coulisses?

   Oui, _____.

3. On vend des souvenirs dans cette boutique?

   Non, _____.

4. Nous devons stationner la voiture au parking?

   Oui, _____.

5. Ils ont envoyé des cadeaux à Martine et moi?

   Non, _____.

6. On peut servir le dessert aux enfants maintenant?

   Oui, _____.

7. Il peut se servir du marteau?

   Non, _____.

39

CHAPITRE 6

Devoir 6-4

Nom _____

Date _____

A. Répondez aux questions en employant les éléments donnés. Suivez le modèle.

> Qu'est-ce qui est important? je / finir ce travail
> *Il est important que je finisse ce travail.*

1. Qu'est-ce qu'il faut faire? nous / répéter cette scène

   _____.

2. Qu'est-ce qui est nécessaire? ils / sortir maintenant

   _____.

3. Qu'est-ce qui vaut mieux? tu / ne pas dormir ici

   _____.

4. Qu'est-ce qui est utile? vous / louer des places pour ce soir

   _____.

5. Qu'est-ce qu'il ne faut pas faire? nous / se décourager

   _____.

6. Qu'est-ce qui est important? je / lire ce livre

   _____.

B. Complétez chaque phrase en employant le subjonctif.

> Je pars à dix heures.
> Il est important que *je parte à dix heures.*

1. Vous frappez avant d'entrer.

   Il vaut mieux que _____.

2. Elle répond tout de suite.

   Il faut qu'_____.

3. Nous nous parlons.

   Il est nécessaire que _____.

4. Tu écris sur le mur.

   Il ne faut pas que _____.

5. Ils répètent les mots.

   Il est important qu'_____.

40

CHAPITRE 6

Nom

Date   Devoir 6-5

A. Complétez chaque phrase avec un des verbes suivants.

    apprends   comprenions   va   deveniez   apprenne

    reviennes   allez   tenons   fasses   aille

1. Il est important que nous _____ nos leçons.
2. On dit que tu _____ vite.
3. J'aimerais mieux que vous _____ musiciens.
4. Il est utile qu'on _____ à conduire.
5. Je vois que vous _____ au théâtre.
6. Nous souhaitons qu'elle _____ mieux demain.
7. Il est vrai que cette robe te _____ bien.
8. Il vaut mieux que tu _____ plus tard.
9. Il sait que nous _____ à notre héritage.
10. Il faudra que tu _____ la vaisselle.

B. Refaites les phrases en ajoutant un nouveau sujet pour le deuxième verbe.

    Il est utile de parler une langue étrangère. (vous)

    Il est utile que vous parliez une langue étrangère.

1. Il est nécessaire de se comprendre. (nous)

   _____

2. Je souhaite aller en vacances. (tu)

   _____

3. Il faut faire attention. (je)

   _____

4. Papa voudrait apprendre à jouer du piano. (vous)

   _____

5. Il vaut mieux ne pas aller si vite. (ils)

   _____

41

CHAPITRE 7

Nom _____

Devoir 7-1   Date _____

A. Complétez les phrases d'après les images.

1. Regarde cette photo. C'est mon cousin Simon, à gauche. C'est _____ de la famille.

2. Sara n'a que deux ans. C'est _____ de la famille.

3. Entre amis, les Américains _____.

4. Les Français _____ quand ils se rencontrent.

B. Arrangez chaque groupe de lettres pour faire un "mot nouveau" du Chapitre 7. Puis, sur la ligne à gauche, mettez la lettre de la définition qui convient.

_____ 1. _____ a. très content
         (ennotér)

_____ 2. _____ b. surprendre
         (nbei léève)

_____ 3. _____ c. aimable
         (es raitsider)

_____ 4. _____ d. tenir à
         (natulaiccle)

_____ 5. _____ e. sûr
         (dreamir)

_____ 6. _____ f. s'amuser
         (vrai)

_____ 7. _____ g. poli
         (nercait)

_____ 8. _____ h. mal à l'aise
         (séypadé)

42

CHAPITRE 7

Nom _____

Date _____ Devoir 7-2

Refaites chaque phrase en employant le subjonctif.

1. Marcel fait la grasse matinée.

   Ça me surprend _____.

2. Elle ne réussit pas le bac.

   Ils s'inquiètent _____.

3. Je peins le garage.

   Hélène est étonnée _____.

4. On ne sert pas de café.

   Je suis surpris _____.

5. Il va en Norvège.

   Je suis ravie _____.

6. Vous ne comprenez pas.

   La prof est inquiète _____.

7. Tu conduis trop vite.

   Monique a peur _____.

8. Nous ratons l'examen.

   Il n'est pas possible _____!

9. Les critiques n'aiment pas cette pièce.

   Ça m'étonne _____.

10. Sa sœur sort sans lui.

    Le garçon est fâché _____.

43

CHAPITRE 7

Nom

Devoir 7-3   Date

Formez des phrases avec les éléments donnés. Suivez les modèles.

je suis triste / on démolit ce bâtiment

Je suis triste qu'on démolisse ce bâtiment.

je suis content / je vais en Grande-Bretagne

Je suis content d'aller en Grande-Bretagne.

1. elle est furieuse / il ne lui écrit pas

   _____

2. nous sommes fiers / nous jouons des rôles intéressants

   _____

3. il sont désolés / nous partons sans eux

   _____

4. nous regrettons / vous vous découragez

   _____

5. je suis heureuse / tu vas en Irlande

   _____

6. papa est content / papa bricole

   _____

7. maman est vexée / nous ne mettons pas le couvert

   _____

8. tu es fâché? / je ne fais pas la vaisselle

   _____

9. vous êtes déçus / ils ne viennent pas

   _____

10. nous sommes ravis / nous acceptons l'invitation

    _____

CHAPITRE 7

Nom
Date Devoir 7-4

Refaites chaque phrase en ajoutant l'expression donnée.

Tu écris des poèmes. (je suis ravi)

Je suis ravi que tu écrives des poèmes.

1. Vous savez conduire.   (il est important)

2. Elle est ici.   (ça m'étonne)

3. Tu ne veux pas venir avec nous.   (je suis désolé)

4. Sa sœur sait la réponse.   (Paul est fier)

5. Je n'ai pas le temps de me préparer.   (c'est dommage)

6. Je ne veux pas de glace.   (elle est étonnée)

7. Il peut peindre la cuisine.   (nous sommes heureux)

8. Tu sais la vérité.   (il faut)

9. Ils n'ont pas de devoirs.   (nous sommes surpris)

10. Nous sommes en retard.   (le prof a peur)

CHAPITRE 7

Devoir 7-5

Nom _____

Date _____

A. Refaites les phrases en utilisant l'impératif et en remplaçant les expressions en italique par les pronoms compléments d'objet qui conviennent.

1. Apportez-moi *mes valises!* _____

2. Achète-moi *des croissants!* _____

3. Ramenons *des souvenirs à nos amis!* _____

4. Sers *du café à papa!* _____

5. Baignons-nous *dans le lac!* _____

6. Donne *le parfum à Marguerite!* _____

7. Rappelez-vous *du rendez-vous!* _____

8. Fais construire *la table pour maman!* _____

B. Formez des phrases en utilisant l'impératif et en remplaçant les objects par des pronoms compléments d'objet.

1. Dites à Mme Leclerc de vous donner une douzaine d'œufs.

   _____

2. Dites à votre petite amie de vous téléphoner chez votre cousine.

   _____

3. Demandez aux amis (nous) de dire la vérité à vos parents.

   _____

4. Dites à votre mère de vous prêter de l'argent.

   _____

5. Dites à votre frère de mettre les fleurs dans le vase.

   _____

6. Demandez aux amis (nous) de parler au prof de vos projets.

   _____

46

CHAPITRE 7

Nom _____

Date _____ Devoir 7-6

Répondez à chaque question à l'affirmatif et au négatif en utilisant l'impératif. Remplacez les objets par des pronoms compléments d'objet. Suivez le modèle.

"Est-ce que je dois offrir du café aux invités?"

Oui, offre-leur-en!

Non, ne leur en offre pas!

1. Le garçon demande: "Je vous apporte de l'eau?"

   _____

   _____

2. Papa dit: "Si on préparait le petit déjeuner pour maman?" *(nous)*

   _____

   _____

3. La dame demande: "Je montre les photos à vos amis?"

   _____

   _____

4. Le prof demande: "Je vous rends vos examens?"

   _____

   _____

5. Georges demande: "Je dis la vérité à mon père?"

   _____

   _____

6. Ton ami demande: "Je t'accompagne chez toi?"

   _____

   _____

7. Antoinette dit: "Si on demandait à papa de nous emmener à la piscine?" *(nous)*

   _____

   _____

47

CHAPITRE 8

Nom _____

Devoir 8-1   **Date** _____

A. Ecrivez un "mot nouveau" du Chapitre 8 pour chaque définition.

1. de nos jours _____

2. la façon dont on écrit _____

3. ce qui se passe dans une histoire _____

4. préféré _____

5. celui qui écrit des poèmes _____

6. lire des livres _____

7. l'auteur de romans _____

B. Complétez les phrases avec les mots suivants.

| analyser | inattendu | œuvre | rédiger |
| humoristique | littérature | passe-temps | vers |

1. L'auteur de cette comédie a un style _____.

2. Cette _____ de Shakespeare est connue partout dans le monde.

3. Qui peut m'expliquer le quatrième _____ de ce poème?

4. Je ne peux pas sortir ce soir; je dois _____ une composition pour demain.

5. Monsieur Lelouche s'intéresse à la _____ du 17e siècle.

6. Tu dois lire ce récit d'aventures. Le dénoucment est tout à fait _____.

7. Pour faire une explication de texte, il faut _____ le texte ligne par ligne.

8. La lecture, c'est mon _____ préféré.

Nom _____

Date _____ Devoir 8-2

A. Complétez chaque phrase en employant le plus-que-parfait. Suivez le modèle.

J'ai déjeuné à midi. Quand je suis sorti à une heure _j'avais déjà déjeuné._

1. Il a lu le roman l'an dernier. Quand il a vu le film hier soir, il _____
   _____.

2. Mon frère a réussi son bac à l'âge de dix-sept ans. Quand il avait dix-huit ans, il _____
   _____.

3. Elisabeth a fini ses devoirs avant le dîner. Quand nous avons commencé à étudier à huit
   heures, Elisabeth _____.

4. Nous avons dîné à huit heures. Quand papa est rentré à neuf heures, nous _____
   _____.

5. Tu as quitté la maison à sept heures. Quand je t'ai téléphoné à sept heures et quart, tu
   _____.

B. Formez une phrase correcte en combinant les deux phrases données. Utilisez *déjà* ou *pas encore* avec le plus-que-parfait.

Je suis arrivé à neuf heures et quart. La pièce a commencé à neuf heures.

La pièce _avait déjà commencé quand je suis arrivé._

1. Ma sœur est née en 1971. Je suis né en 1974.

   Quand je _____.

2. Papa s'est couché à dix heures. Je suis rentré à onze heures.

   Papa _____.

3. Je suis allé(e) chercher le courrier à dix heures. Le facteur est venu à onze heures.

   Quand je _____.

4. Elle est arrivée à huit heures. Nous sommes partis à sept heures et demie.

   Quand elle _____.

5. Le téléphone a sonné trois fois. J'y ai répondu.

   Le téléphone _____.

49

CHAPITRE 8

Nom _____

Devoir 8-3   Date _____

A. Voici l'horaire qu'Hélène Poirot a suivi hier. Complétez les phrases pour indiquer ce qu'elle avait fait aux heures indiquées. Suivez le modèle.

    6:30 se lever   14:00 recommencer les cours
    6:45 prendre le petit déjeuner   16:00 rentrer
    7:00 se brosser les dents   16:30 prendre un goûter
    7:15 partir pour l'école   17:00 commencer les devoirs
    8:00 commencer les cours   19:30 dîner
   12:00 rentrer pour déjeuner   20:30 se détendre
                                                      22:00 se coucher

A 16:40 Hélène _____*avait déjà pris un goûter.*_____

1. A 7:10 Hélène _____.

2. A 8:30 elle _____.

3. A 12:30 elle _____.

4. A 14:30 elle _____.

5. A 17:30 elle _____.

6. A 20:00 elle _____.

7. A 22:10 elle _____.

B. Complétez les phrases avec le plus-que-parfait des verbes.

1. Danièle a dit que ses frères _____ quand tu leur as téléphoné.
                                                      (partir)

2. Madame Beaufort m'a dit qu'elle _____ avant le lever du soleil.
                                                       (se lever)

3. Charles nous a expliqué qu'il _____ son portefeuille chez lui.
                                                      (laisser)

4. Ta sœur m'a dit que tu _____ l'examen haut la main. Félicitations!
                                                      (réussir)

5. Les jeunes filles ont dit qu'elles _____.
                                                             (ne jamais se disputer)

Nom

Date

CHAPITRE 8

Devoir 8-4

A. Refaites chaque phrase en remplaçant les mots en italique par le participe présent.

Lisez la strophe *qui suit.* Lisez la strophe suivante.

1. C'est un problème *qui vexe.*

2. J'ai pris une photo d'une femme *qui dansait.*

3. Le vent a fait un bruit *qui embête.*

4. Ce récit a un dénouement *qui nous étonne.*

B. Refaites chaque phrase en mettant le deuxième verbe au participe présent.

Elle boit du café pendant qu'elle lit le journal.

Elle boit du café en lisant le journal.

1. Elle fait ses devoirs pendant qu'elle mange un sandwich.

2. Nous chantons pendant que nous faisons la vaisselle.

3. Les Parisiens lisent pendant qu'ils attendent le métro.

4. J'écoute de la musique pendant que je peins le garage.

C. Complétez chaque phrase avec le participe présent de l'expression qui convient.

écrire une autobiographie   s'établir en Louisiane
s'entraîner tous les jours   savoir la langue

1. On peut bien se débrouiller à l'étranger en _____.

2. Les Acadiens ont établi une nouvelle communauté en _____.

3. Il a essayé d'analyser sa vie en _____.

4. C'est en _____ qu'on devient danseur.

51

CHAPITRE 8

Devoir 8-5

Nom _____

Date _____

A. Complétez les phrases en ajoutant une des expressions suivantes *seulement où c'est nécessaire.*

    à   de   pour   sans   avant de

1. _____ quitter sa chambre, Paul a fait son lit.
2. Il faut _____ faire une explication de texte.
3. Je vous entends _____ chanter.
4. Je suis contente _____ faire votre connaissance.
5. _____ perfectionner son accent, il faut répéter les mots tous les jours.
6. L'enfant a laissé _____ tomber son assiette.
7. Tu vas au cinéma ce soir? Je ne sais pas. Je n'arrive pas _____ me décider.
8. Joselyn est partie _____ dire au revoir.
9. Maman leur a fait _____ enlever leurs affaires.
10. Personne ne l'a vu _____ entrer.
11. Il a quitté la maison tôt _____ éviter les embouteillages.

B. Complétez chaque phrase avec l'expression qui convient le mieux.

    au lieu d'y aller à pied   ne rien manger
    avant de jouer le match   sans vous arrêter
    de pouvoir le faire   tomber

1. Je suis fier _____.
2. Il faut s'entraîner _____.
3. Il m'a vu _____.
4. Vous m'avez passé _____.
5. Nous aimons mieux _____.
6. J'ai pris l'autobus pour aller au lycée _____.

Nom _____

Date _____   Devoir 8-6

CHAPITRE 8

A. Complétez chaque phrase avec l'infinitif passé (l'infinitif du verbe *avoir* ou *être* suivi du participe passé) du verbe entre parenthèses.

1. (faire) Après _____ un séjour en Angleterre, Jean-Jacques pouvait parler anglais couramment.

2. (oublier) Je regrette d'_____ les cassettes.

3. (voir) J'étais ravi d'_____ *Les Misérables* au théâtre.

4. (sortir) Sylvie est partie pour l'école sans _____ le chien.

5. (se préparer) J'ai passé l'examen sans _____.

B. Combinez les phrases en employant l'infinitif passé. Suivez le modèle.

Elle s'est levée. Puis, elle a pris une douche.

Après s'être levée, elle a pris une douche.

1. Nous avons vu le film. Puis, nous sommes allés au café.

   _____

2. Il est allé à Paris. Puis, il a passé deux semaines en Normandie.

   _____

3. Elle a fini son café. Puis, elle a quitté la table.

   _____

4. J'ai tapissé la salle à manger. Puis, je me suis reposé un peu.

   _____

5. Elle s'est renseignée sur le quartier. Puis, elle y a fait un tour.

   _____

CHAPITRE 9

Nom _____

Devoir 9-1 Date _____

A. Identifiez la profession de chaque personne.

1.  _____
David

2.  _____
Delphine

3.  _____
Gabrielle

4.  _____
Christian

B. Ecrivez un "mot nouveau" du Chapitre 9 pour chaque définition.

1. continuer _____

2. il est possible _____

3. recevoir _____

4. l'entreprise _____

5. l'interview _____

6. le stage _____

Nom

Date   Devoir 9-2

CHAPITRE 9

Complétez chaque phrase avec le subjonctif du verbe entre parenthèses. Puis refaites la phrase en échangeant les sujets. Suivez le modèle.

(croire)   J'ai peur que vous ne me *croyiez* pas.
                 Vous avez peur que je ne vous croie pas.

1. (recevoir)   Ils souhaitent que nous les _____.
   _____

2. (boire)   Nous exigeons qu'elle _____ du jus.
   _____

3. (devoir)   Elle souhaite que vous ne _____ pas déménager.
   _____

4. (s'apercevoir) Je suis content que vous _____ de mes qualifications.
   _____

5. (voir)   Nous sommes désolés qu'elle ne _____ pas que nous avons du talent.
   _____

6. (croire)   Vous êtes déçu que je ne vous _____ pas.
   _____

7. (s'apercevoir) Lisette est triste que nous ne _____ pas des détails.
   _____

8. (recevoir)   Nous sommes heureux que tu _____ de bonnes notes.
   _____

CHAPITRE 9

Nom _____

Devoir 9-3 **Date** _____

Complétez chaque phrase avec les formes du verbe entre parenthèses qui conviennent.

(pouvoir) Je crois que Michèle *peut* bien rédiger, mais je ne crois pas qu'elle *puisse* taper à la machine.

1. (savoir) Je doute que Serge _____ faire de la plongée sous-marine, mais je ne doute pas qu'il _____ nager.

2. (devoir) Il est certain que tu _____ tondre le gazon, mais il n'est pas certain que tu _____ arroser les fleurs.

3. (venir) Nous pensons qu'elle _____ en voiture, mais nous ne pensons pas qu'elle _____ avant midi.

4. (obtenir) Il est certain que Christophe _____ son diplôme, mais il n'est pas certain que Nicole l'_____.

5. (être) Tu crois que nous _____ travailleurs, mais il n'est pas sûr que nous _____ des bons élèves.

6. (aller) Il est évident que vous _____ mieux, mais je ne crois pas que vous _____ très bien.

7. (avoir) Je suis certain que vous _____ raison, mais il est peu probable qu'il _____ tort.

CHAPITRE 9

Nom

Date   Devoir 9-4

Répondez à chaque question, en employant l'expression entre parenthèses.

Est-ce que Claude part demain? (je doute)
Je doute que Claude parte demain.

1. Est-ce que M. Duclos prend sa retraite cette année? (il est peu probable)

2. Est-ce qu'Henri sait taper à la machine? (il n'est pas certain)

3. Est-ce que nous sommes en retard? (il semble)

4. Est-ce qu'Andrée a assez d'expérience? (il me semble)

5. Est-ce qu'il y a beaucoup de chômage? (je ne crois pas)

6. Est-ce que vous posez votre candidature pour un emploi au restaurant? (il se peut)

7. Est-ce que les ouvriers vont faire des heures supplémentaires? (nous pensons)

8. Est-ce que ta mère veut nous conduire à l'interview? (je ne crois pas)

9. Est-ce que la directrice met les clients à l'aise? (nous sommes sûrs)

10. Est-ce qu'elle a toujours peur des entretiens? (je doute)

CHAPITRE 9

Devoir 9-5

Nom _____

Date _____

Complétez chaque phrase avec la forme du verbe entre parenthèses qui convient.

1. (comprendre)   Je cherche un standardiste qui _____ l'espagnol.

2. (pouvoir)   Tu connais quelqu'un qui _____ m'aider à réparer le robinet?

3. (avoir)   Je cherche un appartement qui _____ au moins trois chambres à coucher.

4. (lire)   Il nous faut un comptable qui _____ l'allemand.

5. (embaucher)   Je cherche une entreprise qui m'_____ pour l'été.

6. (pouvoir)   Il me faut quelqu'un qui _____ taper à la machine.

7. (aimer)   Tu connais des élèves qui _____ chanter?

8. (arroser)   J'ai besoin de quelqu'un qui _____ mes plantes.

9. (être)   Je voudrais une maison qui _____ près de la plage.

10. (vouloir)   Avez-vous des employés qui _____ faire des heures supplémentaires?

11. (marcher)   Je veux une machine à écrire qui _____ toujours.

CHAPITRE 9

Nom _____

Date _____ Devoir 9-6

Complétez les phrases en employant les expressions données.

    accélérer   avoir trois mains
    aimer faire des devoirs   ne pas faire de bruit
    aimer tous les légumes   ne pas savoir jouer au baseball
    apprendre vite les répliques   savoir jouer du piano

1. Le jeune homme dit:

   "J'ai envie d'une voiture qui _____."

2. Le chanteur dit:

   "J'ai besoin de quelqu'un qui _____."

3. Mon voisin dit:

   "Achetez une tondeuse qui _____."

4. Maman dit:

   "Je ne connais pas d'enfant qui _____."

5. Le metteur en scène dit:

   "Je cherche quelqu'un qui _____."

6. Le touriste français dit:

   "Y a-t-il des Américains qui _____?"

7. La directrice dit:

   "Il me faut un secrétaire qui _____."

8. La prof dit:

   "Je ne connais pas beaucoup d'élèves qui _____."

CHAPITRE 9

Devoir 9-7

Nom _____

Date _____

A. Complétez chaque phrase en employant la forme du verbe qui convient.

1. Je prends la voiture samedi soir.

   Papa, ça te dérange que _____?

2. Nous écoutons la radio en faisant la vaisselle.

   Maman, ça t'ennuie que _____?

3. Les voisins se garent devant notre maison.

   Cela ne me déplaît pas que _____.

4. Papa ferme la radio.

   Robert, ça te gêne que _____?

5. Le prof perd les interros.

   Cela nous plaît que _____.

6. Les gens entrent après le commencement du film.

   Ça m'embête que _____.

7. Jean-Luc sort avec ma petite amie.

   Ça ne m'amuse pas que _____.

8. Nous partons tôt.

   Ça vous dérange que _____?

B. Complétez les phrases.

1. Cela m'ennuie que _____.

2. Ça ne m'amuse pas que _____.

3. Cela m'embête que _____.

CHAPITRE 10

Nom _____

Date _____   Devoir 10-1

A. Choisissez le mot qui convient le mieux avec l'expression donnée.

1. être abonné à
    a. le reportage   b. la revue

2. les gros titres
    a. les événements   b. les illustrations

3. l'orthographe
    a. les mots   b. la rubrique

4. le lecteur
    a. le journal   b. les informations

5. le numéro
    a. le magazine   b. la recherche

6. se tenir au courant de
    a. l'attention   b. l'actualité

B. Ecrivez un "mot nouveau" du Chapitre 10 pour chaque définition.

1. un magazine qui paraît toutes les semaines _____

2. un journal qui paraît tous les jours _____

3. le dessin _____

4. celle qui lit _____

5. celui qui fait des illustrations _____

6. vrai _____

7. l'hôtesse d'un jeu à la télé _____

CHAPITRE 10

Devoir 10-2

Nom
Date

A. Demandez aux gens suivants de faire les actions indiquées. Employez le conditionnel. Suivez le modèle.

(votre ami) vous conduire à la bibliothèque

Tu me conduirais à la bibliothèque?

1. (le prof) vous aider avec l'orthographe

2. (votre ami) vous raconter ce qui s'est passé

3. (vos grands-parents) vous envoyer des cartes

4. (votre petite amie) aller au cinéma avec vous

5. (votre sœur) goûte à la soupe que vous avez préparée

B. Faites des phrases en employant le conditionnel des verbes entre parenthèses.

Lave les fenêtres! (devoir)

Tu devrais laver les fenêtres.

1. Passe-moi cette revue-là! (vouloir)

2. Faites attention! (pouvoir)

3. Jette un coup d'œil sur ce journal! (devoir)

4. Etablissez une équipe de débat! (pouvoir)

CHAPITRE 10

Nom

Date   Devoir 10-3

A. Refaites les phrases en mettant les verbes au passé.

> Elle dit qu'elle viendra plus tard.
> *Elle a dit qu'elle viendrait plus tard.*

1. Je crois que je verrai Jean au café.

2. Il écrit qu'il nous rencontrera à l'aéroport.

3. Nous espérons que tu viendras avec nous.

4. Tu me promets que tu seras là.

5. Ils disent qu'ils se réuniront à dix heures.

B. Que feriez-vous avec 20.000 francs? Comment est-ce que les gens suivants réponderaient à cette question? Ecrivez les réponses en employant le conditionnel.

> Bertrand / acheter une voiture
> *Bertrand achèterait une voiture.*

1. Marc / donner l'argent à ses parents

2. je / m'inscrire aux leçons de vol

3. nous / faire un voyage au Canada

4. Jeanne / acheter des meubles

5. les Duclos / aller au Mexique

63

CHAPITRE 10

Devoir 10-4

Nom
Date

A. Complétez chaque phrase logiquement.

_____ 1. S'il prenait la voiture,   **a.** il pourrait goûter à sa spécialité.

_____ 2. S'il pleut demain,   **b.** achète-le.

_____ 3. S'il dînait à ce restaurant,   **c.** il n'y ira pas.

_____ 4. Si tu aimes le livre,   **d.** tu attireras l'attention de Jean-Pierre.

_____ 5. Si on établissait   **e.** il y arriverait plus tôt.

_____ 6. Si tu siffles,   **f.** un club de débat?

B. Complétez chaque phrase avec la forme du verbe entre parenthèses qui convient.

1. (avoir)   Si j'étais président, il n'y _____ pas de chômage.

2. (aller)   Si tu _____ au café, tu le verrais.

3. (lire)   Si vous pouvez trouver la revue, _____ l'article à la page 33.

4. (faire)   Si on _____ une promenade au bord du fleuve?

5. (aller)   S'il y a assez de places, nous _____ au théâtre ce soir.

6. (dire)   Si papa était ici, il nous _____ de ne pas manger toute la tarte.

7. (être)   Si tu veux une tasse de chocolat, _____ patient! Je dois la préparer.

8. (savoir) Est-ce que tu _____ quoi faire s'il y avait un feu?

9. (avoir)   Si tu _____ besoin d'aide avec les devoirs de mathématiques, téléphone à Pauline.

64

CHAPITRE 10

Nom

Date   Devoir 10-5

A. Répondez à chaque question en employant le pronom possessif qui convient.

      Ce livre est à toi?   *Oui, c'est le mien.*

1. Ces outils sont à Mme Goulet? _____
2. Cette revue est à lui? _____
3. Ce journal est à toi? _____
4. Ce magazine est à nous? _____
5. Ces lunettes sont au prof? _____
6. Ces clous sont au charpentier? _____
7. Cette maison est aux Boileau? _____
8. Ces papiers sont au gérant? _____
9. Ces affaires sont aux ouvriers? _____
10. Ces fleurs sont à moi? _____

B. Refaites chaque phrase en employant les pronoms possessifs. Suivez le modèle.

      La voiture est à elle, pas à moi.
      C'est la sienne, ce n'est pas la mienne.

1. Le quotidien est à nous, pas à eux.

   _____

2. Les chaussures sont à elle, pas à vous.

   _____

3. Le rôle est à toi, pas à elle.

   _____

4. Les cahiers sont à mes amis, pas à moi.

   _____

CHAPITRE 11

Nom _____

Devoir 11-1   Date _____

A. Faites des analogies.

1. l'acteur: la pièce / le soldat: _____

2. Strasbourg: l'Alsace / Verdun: _____

3. le cours: s'inscrire à / la marine: _____

4. l'oncle: la tante / le roi: _____

5. la fête: célébrer / l'événement historique: _____

6. oui: être d'accord / non: _____

7. "La Marseillaise": l'hymne national /

   "Liberté, Egalité, Fraternité": _____

B. Arrangez chaque groupe de lettres pour faire un "mot nouveau" du Chapitre 11. Puis écrivez une phrase complète en employant ce mot.

1. léiféd _____
   _____

2. quelsor _____
   _____

3. shéal _____
   _____

4. stupians _____
   _____

5. leuppe _____
   _____

6. dijas _____
   _____

66

CHAPITRE 11

Nom

Date Devoir 11-2

A. Ecrivez des phrases en employant les éléments donnés et *il y a* ou *ça fait*. Suivez le modèle.

Victor Hugo / mourir / 1885 (ça fait)

Ça fait plus d'un siècle que Victor Hugo est mort.

1. ce cours / commencer / au mois de septembre (il y a)

2. les Dupin / acheter leur maison / 1985 (ça fait)

3. la Révolution française / commencer / 1789 (ça fait)

4. Charles de Gaulle / créer la Ve République / 1959 (il y a)

5. Louis XIV / mourir / 1715 (ça fait)

B. Ecrivez des phrases en employant les éléments donnés et *il y a* ou *ça fait* pour montrer que l'action se déroule toujours. Suivez le modèle.

mon frère / faire son service militaire / un an (il y a)

Il y a un an que mon frère fait son service militaire.

1. Henri et Jocelyne / jouer au Trivial Pursuit / trois heures (ça fait)

2. je / être abonné à *France Matin* / dix semaines (il y a)

3. Alice / faire un stage dans une entreprise d'informatique / deux mois (il y a)

4. les ouvriers / réparer le toit / quatre jours (ça fait)

5. mon grand-père / être à la retraite / trois ans (ça fait)

67

CHAPITRE 11

Devoir 11-3

Nom
Date

A. Ecrivez des phrases pour dire pendant combien de temps le premier événement avait eu lieu quand le deuxième événement est arrivé. Employez *il y avait* ou *ça faisait*. Suivez le modèle.

deux ans / Alice / travailler pour M. Lagarde / il / prendre sa retraite

Il y avait (Ça faisait) deux ans qu'Alice travaillait pour M. Lagarde quand il a pris sa retraite.

1. deux heures / les acteurs / répéter la scène / les musiciens / arriver
   _____

2. un an / Charles / travailler dans une station-service / il / s'engager dans l'armée de l'air
   _____

3. vingt minutes / nous / se balader / il / commencer à pleuvoir
   _____

4. six mois / je / faire des heures supplémentaires / je / prendre mes congés
   _____

5. deux ans / le club de rédaction / se réunir / Coralie / devenir rédactrice en chef
   _____

B. Complétez chaque phrase avec la forme du verbe entre parenthèses qui convient.

1. (revenir)   Ça fait trois semaines qu'Odette _____ des Etats-Unis et elle parle toujours anglais.

2. (s'arrêter)   Il y avait cinq heures qu'ils roulaient quand ils _____ au café.

3. (être)   Il y a vingt ans que je _____ prof, et je compte travailler comme prof encore une vingtaine d'années.

4. (avoir)   Ça faisait deux siècles que notre famille _____ la maison quand on l'a démolie pour construire l'autoroute.

5. (travailler)   Il y a trois heures que je _____ dans le jardin et j'en ai marre maintenant.

6. (déménager)   Ça fait presque deux ans que nous _____ et il y a toujours des affaires à ranger.

7. (chercher)   Il y avait deux heures que je _____ le chien quand ma sœur m'a dit qu'il était dans ma chambre.

CHAPITRE 11

Nom

Date   Devoir 11-4

A. Ecrivez des questions en employant *depuis quand* ou *depuis combien de temps*. Suivez le modèle.

   Guy est malade depuis cinq jours.

   Depuis combien de temps est-ce que Guy est malade?

1. Je suis ici depuis une demi-heure.

   _____

2. Elle habite Paris depuis 1989.

   _____

3. Nous utilisons l'ordinateur depuis une heure dix.

   _____

4. Elles travaillent ensemble depuis quatre ans.

   _____

5. Jacques a son permis de conduire depuis deux semaines.

   _____

B. Refaites chaque phrase en remplaçant *il y a . . . que* ou *ça fait . . . que* par *depuis*. Suivez le modèle.

   Ça fait une heure que je fais mes devoirs.

   Je fais mes devoirs depuis une heure.

1. Ça fait dix minutes qu'il lit cet article.

   _____

2. Il y avait dix-huit mois que je travaillais à Cannes lorsque j'ai dû rentrer à Dijon.

   _____

3. Il y a une demi-heure que je cherche mon portefeuille.

   _____

4. Ça faisait deux semaines qu'il était en vacances quand il a perdu ses bagages.

   _____

5. Il y avait deux minutes que nous regardions la télé lorsqu'on nous a appelé à table.

   _____

69

CHAPITRE 11

Devoir 11-5

Nom

Date

A. Complétez chaque phrase avec la forme du verbe entre parenthèses qui convient.

1. (savoir) Aussitôt que je parlerai avec Claudine, je _____ ce qui s'est passé.

2. (arriver) Quand j'_____ au lycée, je parlerai avec le prof.

3. (pouvoir) Lorsque tu monteras à la tour Eiffel, tu _____ voir tout Paris.

4. (faire) Quand il _____ assez chaud, nous irons à la plage.

5. (devenir) Paul _____ plus fort quand il fera de la musculation.

6. (voir) Lorsque j'irai à l'école, je _____ mes amis.

7. (maigrir) Tu _____ quand tu feras beaucoup d'exercice.

8. (se lever) Quand le prof entrera dans la salle, nous _____.

B. Refaites les phrases 2, 4, 6 et 8 de l'Exercice A en commençant avec *D'habitude,* et en faisant les changements nécessaires.

1. _____

2. _____

3. _____

4. _____

70

Nom

Date   Devoir 11-6

CHAPITRE 11

A. Complétez chaque phrase logiquement.

_____ 1. Aussitôt qu'on monte dans la voiture,

_____ 2. Quand l'enfant pleure,

_____ 3. Dès que l'avion partira,

_____ 4. Quand il fera mauvais,

_____ 5. Lorsque le printemps arrivera,

_____ 6. Dès que l'hymne national sera chanté,

a. on servira du café.

b. je nettoierai le grenier.

c. les jeux commenceront.

d. les arbres seront en fleur.

e. sa maman le tient.

f. on doit attacher la ceinture de sécurité.

B. Complétez chaque phrase logiquement. Faites attention au temps du verbe.

1. Quand je suis à la bibliothèque, je _____
   _____.

2. Lorsque Marc sera à l'université, il _____
   _____.

3. Dès que papa reviendra ce soir, nous _____
   _____.

4. D'habitude, quand je rentre tard la nuit, _____
   _____.

5. Aussitôt que notre chien voit un chat, _____
   _____.

6. Lorsque mes parents verront mon interro, _____
   _____.

7. Nous irons à la plage quand _____
   _____.

71

CHAPITRE 12

Nom _____

Devoir 12-1   Date _____

A. Ecrivez un "mot nouveau" du Chapitre 12 pour chaque définition.

   1. celui qui se présente aux élections _____

   2. celle qui vote _____

   3. le chef du gouvernement _____

   4. celui qui fait partie d'un groupe _____

   5. crier _____

   6. tout de suite _____

   7. persuadé _____

B. Complétez les phrases avec les mots qui conviennent.

   députés   lois   promesses
   impôts   premier ministre sondages

   1. Les Français élisent leurs _____ tous les cinq ans.

   2. Après les élections, le président de la République choisit un

      _____.

   3. Pendant la campagne, tous les candidats font les mêmes _____.

   4. Cette candidate promet de réduire tous les _____.

   5. Il faut que les citoyens obéissent aux _____.

   6. D'après les _____, la gauche devrait avoir la majorité.

72

CHAPITRE 12

Nom

Date   Devoir 12-2

Complétez chaque phrase avec la forme correcte du verbe qui convient: *vaincre* ou *convaincre*.

1. Il faut que tu me _____ que tu as raison.

2. On s'est battu et on _____ l'ennemi.

3. Ma mère est _____ que je réussirai mon bac.

4. D'après les sondages, Madame Gilbert va _____ son adversaire.

5. Monsieur Michard essaie de _____ les électeurs qu'il est le meilleur candidat.

6. Il a crié aux joueurs: "_____ l'autre équipe!"

7. Il est important que nous _____ nos adversaires.

8. Il a fait un bon discours et il m'_____ qu'il était sincère.

9. Avec beaucoup de travail, je suis sûre que nous _____.

10. Tous les jours, Sara _____ plus d'élèves de voter pour elle.

11. Si tu parlais avec tes parents, tu les _____ que tu as raison.

73

CHAPITRE 12

Devoir 12-3

Nom _____

Date _____

A. Complétez chaque phrase en utilisant le discours indirect.

1. Anne a dit: "J'habite Marseille."

   Anne a dit qu'_____.

2. Hervé a annoncé: "On va gagner le match."

   Hervé a annoncé qu'_____.

3. J'ai dit: "J'insiste sur la qualité."

   J'ai dit que _____.

4. Le prof a demandé: "Paul est là?"

   Le prof a demandé si _____.

5. J'ai déclaré: "Ils ne votent jamais pour la droite."

   J'ai déclaré qu'_____.

6. Mes parents ont dit: "Nous n'avons pas assez d'argent."

   Mes parents ont dit qu'_____.

B. Voilà ce que dit le maire d'une ville un an après son élection. Parlez de ses remarques, en commençant chaque phrase avec *Il a dit que . . .*

1. J'ai réduit le chômage.

   _____

2. J'ai parlé avec les citoyens.

   _____

3. On a construit des nouvelles autoroutes.

   _____

4. Ce gouvernement a démoli des vieux bâtiments dangereux.

   _____

5. Je me suis réuni avec les maires d'autres villes.

   _____

CHAPITRE 12

Nom

Date   Devoir 12-4

A. Voici les promesses de deux élèves qui se présentent aux élections. Ecrivez ce qu'ils disent.

> HENRI DURANT On ne permettra pas aux profs de donner des devoirs le week-end.
> Un chef célèbre servira le déjeuner.
> Il faudra que chaque élève ait une heure de libre tous les jours.
>
> CLAUDINE BERNARD On créera un centre d'informatique.
> On offrira des cours plus variés.
> Le lycée sera climatisé.

Henri Durant a promis qu'_____,

qu'_____

et il a dit qu'_____.

Claudine Bernard a promis qu'_____,

qu'_____

et elle a dit que _____.

B. Les parents de Geneviève et de Didier sont sortis et ils ont laissé des instructions précises pour leurs enfants. Geneviève lit les instructions à son frère, Didier, en disant: *Ils (nous, me, te) disent . . .* Ecrivez les paroles de Geneviève.

1. Mettez la pizza dans le micro-ondes!

   _____

2. Geneviève, ne parle pas au téléphone!

   _____

3. Didier, couche-toi avant minuit!

   _____

4. Sortez le chien à neuf heures!

   _____

75

CHAPITRE 12

Devoir 12-5

Nom

Date

Henri pose des questions à Jason au sujet de la vie aux Etats-Unis. Ecrivez les réponses de Jason en employant *quelques-un(e)s*. Suivez le modèle.

Est-ce que les profs sont sympa? (sévères)

Quelques-uns sont sympa.

Quelques-uns sont sévères.

1. Est-ce que les jeunes filles sont aimables? (timides)

2. Est-ce que les films sont intéressants? (ennuyeux)

3. Est-ce que tes cours sont faciles? (difficiles)

4. Est-ce que les repas à la cantine sont délicieux? (horribles)

5. Est-ce que les émissions à la télé sont intéressantes? (bêtes)

6. Est-ce que tes voisins sont sympathiques? (snobs)

76

CHAPITRE 12

Nom
Date   Devoir 12-6

A. Répondez aux questions en employant l'un(e) . . . l'autre. Suivez le modèle.

   Paul s'entend bien avec Michel?

   Oui, ils s'entendent bien l'un avec l'autre.

   1. Vous vous écrirez, mes filles?

   _____

   2. Est-ce que Jacques aide son frère?

   _____

   3. Est-ce que la mère regarde sa fille?

   _____

   4. Tu as présenté Marie à Aurélie?

   _____

B. Ecrivez des questions et des réponses en employant *on* et *tout le monde*. Suivez le modèle.

   parler français

   On parle français ici?

   Oui, tout le monde parle français ici.

   1. se lever de bonne heure

   _____

   _____

   2. jouer au football

   _____

   _____

   3. connaître "La Marseillaise"

   _____

   _____

CHAPITRE 13

Devoir 13-1

Nom _____

Date _____

A. Choisissez le mot le plus proche de celui, entre parenthèses.

_____ 1. (produire)

    a. créer

    b. observer

_____ 2. (l'esquisse)

    a. le buste

    b. le dessin

_____ 3. (la nature morte)

    a. le chef-d'œuvre

    b. outre-mer

_____ 4. (l'argile)

    a. le potier

    b. la palette

_____ 5. (le vitrail)

    a. la fenêtre

    b. la toile

_____ 6. (l'effet)

    a. le mouvement

    b. l'impression

_____ 7. (le génie)

    a. le talent

    b. la reproduction

_____ 8. (le sculpteur)

    a. l'aquarelle

    b. le marbre

B. Ecrivez un "mot nouveau" du Chapitre 13 pour chaque définition.

1. moderne, de nos jours _____

2. faire, produire _____

3. intéresser _____

4. regarder, étudier _____

5. de l'autre côté de l'océan _____

6. faire une visite à _____

Nom

Date   Devoir 13-2

CHAPITRE 13

Pour chaque situation, écrivez des phrases en employant les éléments donnés.
Suivez le modèle.

> J'ai raté l'interro.
>
> tu / devoir étudier / je / bachoter
>
> *Tu aurais dû étudier. A ta place, j'aurais bachoté.*

1. Il n'a pas fini la course.

   il / devoir s'entraîner / je / se préparer mieux

   _____

   _____

2. Alice s'est cassé le bras.

   elle / ne pas devoir monter l'échelle / je / attendre papa

   _____

   _____

3. Ils se sont trompés de route.

   ils / pouvoir se perdre / je / ne pas oublier la carte routière

   _____

   _____

4. Je n'aime pas l'aquarelle que j'ai achetée.

   tu / ne pas devoir l'acheter / je / acheter une peinture à l'huile

   _____

   _____

5. Alain a fait réparer le robinet.

   Marie / pouvoir le réparer elle-même / je / ne pas demander à M. Dupont de le réparer

   _____

   _____

79

CHAPITRE 13

Devoir 13-3

Nom

Date

A. Ecrivez des gros titres pour ces événements qui n'ont pas encore été vérifiés. Suivez le modèle.

> Un couple s'est marié en haut de la Tour Eiffel.
>
> *Un couple se serait marié en haut de la Tour Eiffel.*

1. Un avion a atterri sur le boulevard Victoria.

2. Un peintre célèbre a fait le portrait du président.

3. Une touriste a volé deux natures mortes au musée.

4. Quelqu'un a reçu une lettre de Louis XIV.

B. Ecrivez des phrases en employant les éléments donnés. Suivez le modèle.

> si / nous / mieux jouer / nous / gagner le match
>
> *Si nous avions mieux joué, nous aurions gagné le match.*

1. si / Marie / faire ses devoirs / le prof / lui donner une meilleure note

2. si / tu / aller au musée / tu / voir le portrait

3. nous / se lever plus tôt / si / nous / entendre le réveil

4. tu / s'amuser / si / tu / venir avec nous

5. si / je / ne pas s'arrêter au kiosque / je / être à l'heure

CHAPITRE 13

Nom _____

Date _____ Devoir 13-4

A. Complétez chaque phrase en employant le futur antérieur. Suivez le modèle.

> Je compte parler avec Lucie à trois heures.
>
> A trois heures et demie, *j'aurai parlé avec elle.*

1. Elle va acheter une voiture en juin.

   Le 14 juillet, elle _____.

2. Je vais parler avec René ce soir.

   Demain matin, j'_____.

3. Nous comptons aller en Bretagne en juillet.

   Au mois d'août, nous _____.

4. Tu espères obtenir ton permis de conduire demain.

   Alors, demain soir, tu _____.

5. Chantal s'habille tous les jours à sept heures.

   Alors, demain matin à huit heures, elle _____.

B. Expliquez ce qui a pu se passer dans chaque situation en utilisant le futur antérieur.

1. Christine est en retard. (elle / se tromper de route)

   _____

2. Où sont tes devoirs? (le chat / les manger)

   _____

3. Georges ne trouve pas ses clefs. (il / les laisser tomber)

   _____

4. Les garçons ne sont plus en haut. (ils / descendre)

   _____

81

CHAPITRE 13

Devoir 13-5

Nom

Date

Ecrivez des phrases en employant les éléments donnés. Mettez les verbes au futur antérieur et au futur. Suivez le modèle.

quand / tu / finir tes devoirs / nous / regarder la télé

Quand tu auras fini tes devoirs, nous regarderons la télé.

1. dès que / Roland / obtenir son bac / il / aller à l'université de Paris

2. quand / vous / se laver les mains / maman / servir le petit déjeuner

3. aussitôt que / tu / nettoyer ta chambre / tu / pouvoir sortir

4. lorsque / papa / se lever / nous / partir pour le stade

5. dès que / Sylvie / rentrer du cinéma / nous / dîner

Nom _____

Date _____ Devoir 14-1

CHAPITRE 14

A. Mettez chaque mot dans la catégorie qui convient.

        les cacahouètes   les diamants

        le cacao   le maïs

        le caoutchouc   les olives

        le charbon   le pétrole

        le cuivre

    LES MATIÈRES PREMIÈRES   LES PRODUITS D'AGRICULTURE

    _____   _____

    _____   _____

    _____   _____

    _____   _____

    _____

B. Ecrivez un "mot nouveau" du Chapitre 14 pour chaque définition.

1. le Maroc, l'Algérie et la Tunisie   _____

2. une langue parlée au Sénégal   _____

3. cependant   _____

4. avoir mal   _____

5. depuis peu de temps   _____

6. l'insecte qui nous donne le miel   _____

83

CHAPITRE 14

Devoir 14-2

Nom _____

Date _____

A. Ecrivez le passé du subjonctif des verbes entre parenthèses, puis employez-les pour compléter les phrases ci-dessous.

qu'il _____ (apprendre)   que nous _____ (ne pas reconnaître)

qu'elle _____ (entendre)   qu'ils _____ (se lever)

que vous _____ (ne pas aller)

1. J'ai peur que maman _____ ce que tu as dit.
2. Il est surpris que nous _____ la photo.
3. C'est dommage que vous _____ au concert.
4. Nous sommes contents que Paul _____ à conduire.
5. Je doute qu'ils _____ à l'heure.

B. Répondez aux questions en employant les éléments donnés. Suivez le modèle.

> Maman n'est pas encore ici. (il est possible / rester tard au bureau)
>
> *Il est possible qu'elle soit restée tard au bureau.*

1. Cédric n'était pas en classe. (il est possible / rater le bus)

   _____

   _____

2. Le sculpteur n'a pas fini cette statue. (il semble / réaliser un buste)

   _____

   _____

3. Les enfants sont partis. (je ne crois pas / aller trop loin)

   _____

   _____

4. Où sont les filles? (croyez-vous / se perdre)

   _____

   _____

CHAPITRE 14

Nom

Date Devoir 14-3

A. Complétez chaque phrase en employant le passé du subjonctif.

1. Marc est allé au Maroc.

   Je suis surpris que _____.

2. Nous avons raté l'interro.

   Maman n'est pas contente que _____.

3. Tu as réalisé cette aquarelle.

   Elle est fière que _____.

4. Les enfants se sont perdus.

   J'ai peur que _____.

5. L'élève a confondu le nom des livres.

   Le prof est vexé que _____.

B. Ecrivez des phrases en employant les éléments donnés, *je suis content(e)* et *c'est dommage*. Suivez le modèle.

   Martine / jouer au basketball

   Je suis content(e) que Martine joue au basketball; c'est dommage qu'elle n'y ait pas joué l'année passée.

1. Guy / jouer au tennis _____

   _____

2. vous / rendre visite à Sabine _____

   _____

3. tu / réussir les examens _____

   _____

4. nous / aller à Paris _____

   _____

5. elles / s'inscrire au cours d'électronique _____

   _____

CHAPITRE 14

Devoir 14-4

Nom _____

Date _____

A. Répondez aux questions en employant les éléments donnés. Suivez le modèle.

> Vous aimez cette robe? (joli / voir)
>
> *C'est la plus jolie robe que nous ayons (j'aie) jamais vue.*

1. Tu aimes cette histoire? (triste / entendre)
   _____

2. Qu'est-ce que vous pensez de ce pâté? (bon / manger)
   _____

3. Comment trouvez-vous notre ville? (beau / voir)
   _____

4. Tu aimes ce musée? (grand / visiter)
   _____

5. Qu'est-ce que tu penses de ce devoir? (facile / faire)
   _____

6. Vous aimez cette musique? (beau / écouter)
   _____

B. Complétez chaque phrase avec le présent du subjonctif ou le présent de l'indicatif des verbes entre parenthèses. Faites les changements nécessaires.

1. (connaître)   Le femme la plus gentille que je _____ c'est ma voisine.

2. (pouvoir)   C'est la seule chanteuse qui _____ bien chanter cette chanson.

3. (aller)   C'est la première fois que je _____ en Afrique.

4. (savoir)   Il n'y a personne qui _____ la réponse?

5. (connaître)   Monsieur Lacombe est le seul sculpteur que je _____.

6. (être)   C'est le seul élève qui _____ absent.

CHAPITRE 14

Nom _____

Date _____ Devoir 14-5

A. Complétez chaque phrase au passif en employant le participe passé du verbe qui convient.

      connaître   fabriquer   présenter   visiter
      construire   louer   vendre

1. Les croissants sont _____ à la boulangerie.

2. Le miel est _____ par les abeilles.

3. La tour a été _____ il y a deux siècles.

4. Ce monument sera _____ par plus d'un million de touristes cette année.

5. Toutes les places sont _____.

6. Ce spectacle est _____ par la Société Dupont.

7. Cette vedette est bien _____.

B. Refaites chaque phrase en mettant le verbe au passif. Faites les changements nécessaires.

1. Rousseau a écrit *Emile.*

   Emile _____.

2. Le chanteur a présenté les musiciens.

   Les musiciens _____.

3. Cézanne a peint *le Déjeuner sur l'herbe.*

   Le Déjeuner sur l'herbe _____.

4. Gustave Eiffel a construit la tour Eiffel.

   La tour Eiffel _____.

5. Mes amis sénégalais m'ont bien accueilli.

   Je _____.

87

CHAPITRE 14

Nom

Devoir 14-6   Date

A. Refaites chaque phrase en employant *on* comme sujet. Suivez le modèle.

La porte a été ouverte.

On a ouvert la porte.

1. Un étranger a été vu dans la rue.

2. La télé est fermée.

3. Un stylo est utilisé pour écrire.

4. Le message a été écrit en français.

5. Les verres ont été cassés.

6. Monsieur Suret a été élu.

B. Refaites chaque phrase en employant *se*. Suivez le modèle.

On vend le lait à la crémerie.

Le lait se vend à la crémerie.

1. On vend le pain à la boulangerie.

2. On ouvre la boutique à neuf heures.

3. On mange la glace avec une cuillère.

4. On lave la vaisselle à l'eau chaude.

5. On sert le café crème avec du sucre.

CHAPITRE 15

Nom

Date   Devoir 15-1

Complétez les phrases d'après les images et en employant les mots qui conviennent.

| découvertes | gaspillent | opposés |
| évolue | guérir | prédire |

1. Le gouvernement a décidé de construire

   _____ près de la ville, mais les

   habitants sont _____ au projet.

2. La science _____ toujours. Un jour

   nous pourrons peut-être prendre des vacances dans

   _____.

3. _____ font des

   _____ tous les jours.

4. Il y avait _____ très sérieuse qu'on ne

   pouvait pas _____.

5. J'espère m'inscrire à _____. Je voudrais

   un jour _____ les maladies sérieuses.

6. Les élèves ont organisé _____ pour

   protester contre les sociétés qui _____

   les ressources de la terre.

89

CHAPITRE 15

Devoir 15-2

Nom _____

Date _____

A. Complétez chaque phrase avec l'infinitif ou le présent du subjonctif du verbe entre parenthèses.

1. (tenir) Je lis ce journal afin de me _____ au courant.

2. (pouvoir) Papa m'a donné de l'argent pour que je _____ m'acheter une radio.

3. (écouter) Les ouvriers organisent une manifestation afin que le patron _____ leurs problèmes.

4. (apprendre) Je t'ai acheté un dictionnaire pour que tu _____ à écrire correctement.

5. (apprendre) Elle s'est inscrite au cours de rédaction pour _____ à faire des bons reportages.

6. (peindre) Il a acheté de la peinture pour que nous _____ le salon.

B. Complétez chaque phrase.

1. Il devient médecin.

    Ses parents l'ont envoyé à la faculté de médecine pour qu'il _____ _____.

2. Vous gagnez beaucoup d'argent.

    J'espère que vous acceptez cet emploi pour que vous _____ _____.

3. Nous pouvons faire un voyage en Amérique.

    Mes parents font des heures supplémentaires pour que nous _____ _____.

4. On ne gaspille pas les ressources de la terre.

    Il faut qu'on soit conscient afin de _____ _____.

5. Nous nous débarrassons de nos problèmes.

    Nous faisons des recherches afin de _____ _____.

Nom _____

Date _____ Devoir 15-3

A. Complétez chaque phrase avec l'expression qui convient: *à condition que (qu')* ou *à moins que (qu')*.

1. Je te prêterai la voiture _____ tu ne conduises pas trop vite.

2. Nous rendrons visite à nos amis _____ ils ne soient sortis ce soir.

3. Elle achètera ces cassettes _____ elle ait assez d'argent.

4. Nous ferons un pique-nique demain _____ il ne pleuve.

5. On prendra un taxi _____ les chauffeurs ne soient en grève.

6. Tu pourras sortir ce soir _____ tes devoirs soient finis.

B. Complétez chaque phrase en employant les mots entre parenthèses.

1. Nous irons à la plage demain à moins qu'il *(faire froid)*.

   _____

2. Je te parlerai au téléphone ce soir à moins que la ligne *(être occupée)*.

   _____

3. Les garçons viendront à la boum à condition qu'Antoine *(ne pas avoir le rhume)*.

   _____

4. Virginie ira au match avec Charles à condition qu'elle *(ne pas devoir garder sa petite sœur)*.

   _____

5. Je ne vous donne pas de devoirs ce soir à moins que vous *(m'en demander)*.

   _____

91

CHAPITRE 15

Nom _____

Devoir 15-4   Date _____

A. Complétez chaque phrase avec l'expression qui convient: *à condition que, à moins de* ou *à condition de*.

1. L'enfant se fera mal avec les ciseaux _____ tu ne l'arrêtes.

2. Je peindrai ta chambre en bleu _____ tu aimes le bleu.

3. Nous pouvons prendre la voiture _____ tu fasses le plein.

4. Les enfants se baigneront _____ la monitrice le permette.

5. Elle ira au Canada cet été _____ pouvoir emprunter de l'argent.

6. Je te servirai du lait _____ tu ne préfères de l'eau.

B. Complétez les phrases.

1. Il sera là à l'heure à moins que _____
   _____.

2. Tu peux voter à condition de _____
   _____.

3. Prenez du jus à moins que _____
   _____.

4. Vous pouvez entrer à condition que _____
   _____.

5. Elle viendra avec nous à moins de _____
   _____.

6. _____
   _____ à moins qu'elle me dise "non."

7. _____
   _____ à condition que vous nous le permettiez.

Nom

Date

Devoir 15-5

CHAPITRE 15

A. Complétez chaque phrase en employant les mots entre parenthèses.

1. Vous pouvez rester ici jusqu'à ce que je *(revenir)*.

2. J'attendrai devant le café jusqu'à ce que vous *(arriver)*.

3. Nous ne sortirons pas jusqu'à ce que tu *(être prêt)*.

4. N'allez pas au lycée jusqu'à ce qu'Elise *(se brosser les dents)*.

5. Nous t'attendrons jusqu'à ce que le film *(commencer)*.

B. Ecrivez des phrases en commençant avec *Tu dois* et en employant *avant de* ou *avant que*. Suivez les modèles.

    finir tes devoirs / Michèle / arriver

    Tu dois finir tes devoirs avant que Michèle (n')arrive.

    finir tes devoirs / tu / sortir

    Tu dois finir tes devoirs avant de sortir.

1. vérifier la couleur / les peintres / commencer

2. se laver les mains / tu / manger

3. promettre de ne pas partir / nous / arriver

4. lire la recette / tu / commencer à préparer le gâteau

5. arroser le jardin / les fleurs / paraître

93

CHAPITRE 15

Devoir 15-6

Nom

Date

A. Complétez chaque phrase en employant les mots entre parenthèses. Faites les changements nécessaires.

1. Mon frère a les yeux bleus quoique nous autres, nous *(avoir les yeux bruns)*.

2. Monsieur Renaud nous enseigne l'espagnol bien qu'il *(être français)*.

3. Je voudrais être astronaute quoique je *(avoir peur de voyager en avion)*.

4. Bien qu'il *(pleuvoir)*, nous ferons une excursion en vélo.

5. Quoique je *(ne pas le connaître)*, je l'admire beaucoup.

6. Bien que nous *(être amis)*, nous ne sommes pas toujours d'accord.

7. Nous faisons du ski quoique nous *(ne pas bien supporter le froid)*.

B. Combinez les phrases en utilisant *sans* ou *sans que*. Suivez les modèles.

> Sara a pris la voiture. Son père ne le sait pas.
> *Sara a pris la voiture sans que son père le sache.*
>
> Pierre sort avec des amis. Il ne finit pas ses devoirs.
> *Pierre sort avec des amis sans finir ses devoirs.*

1. Mon petit frère peut faire la cuisine. Maman ne l'aide pas.

2. La touriste prend une photo des élèves. Ils ne le savent pas.

3. Paul a lu tout le poème. Il n'a pas confondu les vers.

4. Il a envoyé la lettre. Il n'a pas écrit l'adresse sur l'enveloppe.

5. Nous nettoyons notre chambre. Papa ne nous le demande pas.

CHAPITRE 15

Nom _____

Date _____ Devoir 15-7

A. Ecrivez des phrases en employant les éléments donnés.

1. vous / ne pas grossir / bien que / vous / manger beaucoup

   _____

   _____

2. la petite fille / s'habiller / sans que / sa mère / l'aider

   _____

   _____

3. quoique / il / naître en France / il / être / américain

   _____

   _____

4. le prof / entrer dans la salle / sans que / les élèves / l'entendre

   _____

   _____

5. il / partir / sans / il / prendre son parapluie

   _____

   _____

B. Complétez les phrases avec les expressions qui conviennent.

avant de	jusqu'à ce que	sans
avant que	quoique	sans que

1. Il faut finir tes devoirs _____ sortir ce soir.

2. Papa a organisé une fête pour maman _____ elle le sache.

3. _____ François n'ait que cinq ans, il sait lire.

4. Vous n'avez que deux minutes _____ l'autobus n'arrive.

5. Il est parti _____ dire au revoir.

6. Tu dois rester à table _____ tout le monde ait fini le dîner.

95